Julien Maynard

I0407087

*Profit, Pouvoir, Planète*

# L'épopée de l'entreprise à travers les âges

Polychromatic reflections Publishing

Code ISBN : 9798858234258
Marque éditoriale : Independently published
Couverture : Packer Nemo

# Sommaire

# Introduction

En parcourant les rues animées de nos métropoles contemporaines, nous sommes entourés d'enseignes lumineuses, de logos familiers et de noms d'entreprises qui nous sont chers. Mais derrière ces façades se cache une histoire riche et complexe, une épopée humaine qui a façonné notre monde d'une manière que peu d'entre nous comprennent vraiment. Pourquoi, pourrait-on se demander, l'évolution des entreprises mérite-t-elle notre attention, en particulier à une époque où les informations nous submergent et où notre attention est plus sollicitée que jamais ? La réponse est simple : parce que les entreprises, grandes et petites, sont le reflet de nos sociétés, de nos aspirations, de nos rêves, mais aussi de nos vices et de nos peurs. Elles sont les miroirs dans lesquels nous nous regardons, que ce soit en admirant ou en critiquant ce que nous voyons.

Imaginons un tapis richement tissé, étincelant sous la lumière, ses fils d'or et d'argent entrelacés avec des nuances de bleu profond et de vert émeraude. C'est le tapis de notre histoire économique, chaque fil représentant une innovation, une décision, un tournant dans la trajectoire de l'entreprise. Du forgeron du Moyen Âge battant le fer pour façonner une épée, à la start-up moderne créant des applications qui touchent des milliards de personnes, chacune de ces entités est un fil dans ce tapis, chacune a sa propre histoire, ses triomphes et ses tragédies. Nous vivons dans un monde où le mot "entreprise" évoque immédiatement des images de gratte-ciels scintillants, de PDG charismatiques et de marques mondialement reconnues. Mais ces géants sont l'aboutissement d'une évolution qui a commencé bien avant que le mot "entreprise" n'ait même été inventé. Pour comprendre notre présent, nous devons voyager dans le passé, explorer les ruelles étroites des villes médiévales où les artisans étaient les maîtres de l'économie, naviguer sur les mers tumultueuses avec les marchands aventuriers qui ont ouvert de nouvelles routes commerciales, et marcher dans les couloirs bruyants des premières usines lors de la révolution industrielle.

Mais ce voyage ne s'arrête pas là. Car tout comme ce tapis complexe et enchevêtré, l'histoire de l'entreprise est en constante évolution. Aujourd'hui, nous nous trouvons à un carrefour. Les entreprises ont un pouvoir sans précédent, un pouvoir qui s'étend bien au-delà de la simple poursuite du profit. Elles ont le pouvoir de façonner nos vies, notre environnement, notre planète. Et avec ce pouvoir vient une grande responsabilité. Alors, où allons-nous ? Quelle sera la prochaine étape de cette épopée ? Est-il possible de réconcilier profit et éthique, pouvoir et responsabilité, entreprises et planète ? Ces questions, et bien d'autres encore, sont au cœur de ce livre. En plongeant dans les profondeurs de l'histoire de l'entreprise, nous cherchons non seulement à comprendre d'où nous venons, mais aussi à éclairer les chemins possibles pour l'avenir. Un avenir où les entreprises peuvent être à la fois prospères et responsables, où elles peuvent servir à la fois leurs actionnaires et la société dans son ensemble.

Embarquons ensemble dans ce voyage à travers les âges, à travers les triomphes et les défis, à la recherche d'un avenir où profit, pouvoir et planète coexistent en harmonie.

# L'aube de l'entreprise

Au cœur des bourgades pittoresques, là où les rues étaient encore pavées et les maisons imbriquées les unes dans les autres, une mélodie singulière résonnait : le tintement d'un marteau contre l'enclume, le chuchotement de la navette sur un métier à tisser, la cadence d'une alène transperçant le cuir. C'était le monde de l'artisanat, une époque où chaque objet que l'on possédait n'était pas le fruit d'une chaîne de production anonyme, mais le résultat du labeur et de la passion d'un individu. Imaginez un monde sans grandes enseignes, sans marques omniprésentes. Un monde où, lorsqu'on achetait une paire de chaussures, on connaissait le cordonnier qui les avait façonnées, où chaque morceau de pain avait la saveur particulière de la main du boulanger qui l'avait pétri et de l'âtre où il avait cuit. Dans cet univers, chaque produit racontait une histoire, non seulement de sa création, mais aussi de la personne derrière sa fabrication.

Mais qu'est-ce qui rendait cette époque si spéciale ? Était-ce simplement la proximité avec le créateur, ou y avait-il quelque chose de plus profond, plus intrinsèque à cette relation entre l'artisan et le consommateur ? L'un des charmes de cette époque réside dans la personnalisation. L'artisan, avec ses mains habiles et son œil avisé, pouvait adapter son œuvre aux désirs et aux besoins du client. Si vous aviez une demande particulière, un souhait unique, il suffisait de le partager avec votre artisan de confiance qui, avec un sourire complice, acquiescerait et transformerait votre vision en réalité tangible. La beauté d'un objet artisanal ne se limitait pas à sa fonction ou à son esthétique, mais se trouvait également dans les imperfections, ces petites irrégularités qui le rendaient unique. C'était là, dans ces détails, que résidait l'âme de l'artisan. Dans chaque éraflure, chaque variation de couleur, chaque couture légèrement de travers, on pouvait discerner les heures de travail, les décisions prises en cours de route, les moments de doute et de satisfaction.

Cette proximité entre le créateur et le consommateur créait un lien, presque tangible, de confiance et de respect mutuels. Le consommateur savait qu'il payait pour la qualité et l'expertise, et en retour, l'artisan était assuré d'un revenu stable et d'une reconnaissance pour son savoir-faire. Mais l'ère artisanale n'était pas seulement une période de romantisme et de nostalgie. Elle représentait un modèle économique durable, où la production était directement liée à la demande, évitant le gaspillage et l'excès. Les matériaux étaient souvent locaux, minimisant l'empreinte carbone et renforçant les économies régionales.

Néanmoins, ce monde idyllique de l'artisanat avait ses propres défis. La production à petite échelle limitait l'accessibilité et la diffusion des produits. De plus, l'artisan était constamment sous pression, car une mauvaise récolte ou un accident pouvait compromettre sa subsistance et celle de sa famille. Pourtant, malgré ses limitations, l'ère artisanale pose une question intrigante : avons-nous sacrifié quelque chose d'essentiel dans notre quête incessante de progrès et d'efficacité ? En nous éloignant de cette proximité intime avec ceux qui fabriquent nos biens, avons-nous perdu une part d'humanité et de connexion authentique ?

Dans l'ombre des cathédrales, au détour des rues marchandes, une nouvelle force prenait forme, structurant et protégeant les artisans dans leurs labeurs quotidiens : les guildes. À une époque où chaque artisan avait sa propre échoppe, où chaque œuvre reflétait l'âme de son créateur, l'individu seul pouvait se sentir dépassé, vulnérable face aux défis économiques et sociaux. Et c'est là que les guildes sont entrées en jeu, tels des phares dans la nuit, guidant et unissant les artisans sous une bannière commune. Mais que sont exactement ces guildes et comment ont-elles façonné l'avenir de l'entreprise ? Les guildes, ces associations médiévales, étaient bien plus que de simples groupements professionnels. Elles représentaient un serment, une promesse entre artisans d'une même profession de se soutenir mutuellement, de maintenir des standards élevés de qualité et d'éthique, et de garantir la transmission du savoir-faire à travers les générations.

Imaginez un peu, un boulanger de renom, dont le pain croustillant faisait la fierté de tout un quartier, se tenant aux côtés d'un jeune apprenti encore maladroit. Grâce aux guildes, ce maître pouvait transmettre ses secrets, son art, à cette nouvelle génération, assurant la pérennité de son métier et la constance de sa qualité. Les guildes ne se contentaient pas de faciliter le partage des compétences. Elles établissaient des règles strictes pour chaque métier, définissant les matériaux à utiliser, les techniques à privilégier, et même les prix à pratiquer. Cette régulation avait un double objectif : protéger le consommateur contre les produits de mauvaise qualité, et assurer une concurrence saine et équitable entre artisans. Ces guildes, véritables précurseurs des syndicats modernes, jouaient également un rôle social crucial. En ces temps incertains, elles offraient une sécurité économique à leurs membres, les protégeant en cas de maladie ou de vieillesse. L'appartenance à une guilde était ainsi synonyme de prestige, mais aussi de responsabilité envers la communauté.

Mais, comme toute médaille a son revers, l'influence grandissante des guildes n'était pas sans créer de tensions. Leur pouvoir sur les marchés locaux pouvait parfois border le monopole, étouffant l'innovation et empêchant l'émergence de nouvelles méthodes ou idées. Les guildes étaient souvent critiquées pour leur résistance au changement, leur rigidité face à l'évolution des techniques et des besoins du marché. Il est cependant indéniable que leur rôle dans la protection de l'art et de l'artisanat a laissé une empreinte indélébile dans l'histoire économique. Sans leur intervention, de nombreux métiers auraient peut-être disparu, engloutis par la concurrence ou la modernisation. Au fil de l'histoire, les guildes ont lentement perdu de leur influence, remplacées par d'autres formes d'organisations et de régulations. Pourtant, leur héritage demeure. Chaque fois que nous valorisons la qualité, l'éthique et le savoir-faire artisanal, c'est en partie grâce à l'esprit des guildes qui continue de vivre en nous.

Alors, pourquoi se pencher sur ces antiques associations dans notre exploration de l'entreprise ? Parce qu'elles nous rappellent une leçon fondamentale : derrière chaque produit, derrière chaque service, il y a une histoire humaine, faite de passion, de dévouement et de communauté. Et même à l'ère de la mondialisation et de la digitalisation, cette vérité demeure. En contemplant le chemin parcouru, du forgeron solitaire à la guilde puissante, nous commençons à percevoir la complexité et la richesse de notre histoire économique, et les fondations sur lesquelles repose l'entreprise moderne.

Le tintement d'une cloche dans une tour lointaine, la lueur d'une bougie dans une pièce obscure, une idée jaillissant dans l'esprit d'un inventeur… Voilà comment l'innovation s'est introduite dans nos vies. Avec elle, les horizons économiques ont commencé à s'élargir, offrant une palette de possibilités jusqu'alors inimaginables.

Laissez-moi vous raconter une histoire : Imaginez un paysage médiéval, où chaque artisan façonne ses créations à la main, au rythme des saisons. Mais au cœur de cet univers, un homme, dans l'obscurité de son atelier, invente la presse à imprimer. Gutenberg ne le sait pas encore, mais sa machine révolutionnera non seulement le monde de l'édition, mais aussi l'ensemble de l'économie. Avec la presse, l'information se propage à une vitesse vertigineuse. Les livres, autrefois luxueux et rares, deviennent accessibles au plus grand nombre. Les idées se diffusent, les compétences se partagent et, naturellement, l'innovation prospère.

Chaque invention, chaque découverte, qu'il s'agisse de la boussole, de la poudre à canon, ou des premières machines à vapeur, a créé de nouvelles opportunités économiques. Les marchés se sont diversifiés, les routes commerciales se sont étendues, et de nouvelles professions ont vu le jour. Mais l'innovation n'était pas seulement technique. Elle se nichait également dans la manière de penser le commerce et les affaires. Les premiers banquiers de la Renaissance ont introduit le concept de crédit, permettant aux entreprises de se développer et d'investir sans attendre d'accumuler des richesses. Les assurances, quant à elles, ont offert une sécurité face aux aléas de la vie, stimulant ainsi la prise de risque et l'exploration de nouvelles contrées.

Mais revenons à notre artisan. Si autrefois il se contentait de vendre ses produits dans son village, voilà que s'ouvrent à lui des marchés lointains. Grâce aux innovations dans les transports et la logistique, il peut désormais exporter ses créations, les faire découvrir à d'autres cultures, d'autres horizons. Il y a une magie dans l'innovation. Elle bouscule les statu quo, déclenche des étincelles dans les esprits les plus endormis. Elle est à la fois une réponse aux défis du présent et une fenêtre ouverte sur l'avenir.

Et pourtant, comme un vin raffiné, l'innovation ne peut être précipitée. Elle exige du temps, de la patience, et surtout, de l'échec. Car chaque erreur, chaque faux pas, n'est qu'une étape vers la découverte. C'est ce qui rend le processus si fascinant et si vital pour l'économie. Et l'innovation a aussi son côté sombre. En apportant le progrès, elle peut rendre obsolètes certaines compétences, certains métiers. Les tisserands du 19ème siècle, par exemple, n'ont pas vu d'un bon œil l'arrivée des métiers à tisser mécaniques, voyant en eux une menace pour leur gagne-pain. Et ils n'avaient pas tort. L'innovation, tout en créant des opportunités, peut également détruire. C'est pourquoi il est crucial d'aborder l'innovation avec sagesse, en pesant ses avantages contre ses inconvénients, et en cherchant toujours à créer un équilibre entre le progrès et la préservation de ce qui a de la valeur.

Si l'entreprise a évolué depuis l'époque artisanale, c'est en grande partie grâce à l'innovation. Elle a façonné, modelé, et parfois bouleversé l'économie, la poussant sans cesse vers de nouveaux sommets. Et si aujourd'hui nous nous interrogeons sur la place et le rôle de l'entreprise dans notre monde, c'est aussi pour mieux comprendre comment l'innovation, cette étoile filante, continuera de guider notre route.

Plongez-vous un instant dans une ruelle pavée, embaumée par l'odeur du cuir et du pain chaud, où résonne le martèlement du forgeron. L'artisan, par sa connaissance intime de son métier, façonne des objets qui sont bien plus que de simples biens : ils sont le fruit d'une tradition, d'un savoir-faire, d'une histoire personnelle. Mais voilà que l'horizon change. Comme le flux d'une rivière soudainement dévié par un obstacle, l'artisan est poussé à emprunter une nouvelle voie, celle de l'entrepreneur. Qu'est-ce qui a bien pu provoquer une telle transformation ? Imaginez un artisan du cuir. Chaque sac, chaque ceinture qu'il crée est unique. Sa réputation repose sur la qualité de son travail et sur le bouche-à-oreille. Mais un jour, un marchand de la ville voisine, séduit par la finesse de ses créations, lui passe une commande si volumineuse qu'il ne peut la satisfaire seul. Voilà l'artisan face à un choix : refuser et rester fidèle à son rythme de travail, ou saisir l'opportunité, embaucher, agrandir son atelier, peut-être même innover dans ses techniques. En un mot, entreprendre.

La croissance des villes, les innovations technologiques, et l'ouverture de nouveaux marchés ont contribué à cette mutation. L'artisan, autrefois concentré sur son art, doit désormais penser production, distribution, marketing. Il est devenu entrepreneur. C'était peut-être inévitable. Après tout, l'humain est un être d'ambition, toujours à la recherche de moyens d'améliorer sa condition. Mais cette transformation n'était pas sans dilemmes. D'un côté, l'entrepreneuriat apportait son lot de promesses : une plus grande prospérité, une reconnaissance au-delà des frontières locales, la possibilité de laisser une empreinte plus durable. Mais d'un autre côté, il y avait le risque de perdre cette intimité, cette connexion personnelle entre l'artisan et son œuvre, entre le créateur et le client.

Et que dire des relations humaines dans ce nouveau monde entrepreneurial ? L'artisan qui embauchait des apprentis, les formait, les voyait grandir, devait maintenant gérer des employés, parfois des dizaines, voire des centaines. Les relations devenaient plus impersonnelles, plus transactionnelles. Le lien de confiance, autrefois si précieux, se diluait dans les eaux tumultueuses de l'économie de marché. Alors, la mutation était-elle vraiment inévitable ? En partie, oui. Les forces du progrès, qu'elles soient technologiques, économiques ou sociales, ont toujours poussé les sociétés à évoluer, à s'adapter. Mais cette transformation n'était pas uniforme. Certains artisans ont choisi de résister, de rester fidèles à leurs racines, refusant les sirènes de la grande production. D'autres ont embrassé le changement, devenant parfois de véritables magnats.

Ce qui est fascinant, c'est que malgré cette évolution, le cœur de l'artisanat n'a jamais vraiment disparu. Il bat toujours, quelque part, dans l'âme de l'entrepreneur. Celui-ci, même s'il dirige une grande entreprise, cherche souvent à retrouver cette authenticité, ce lien direct avec le client, cette passion pour le métier. La transition de l'artisan vers l'entrepreneur nous rappelle la complexité de la nature humaine. Nous sommes à la fois créateurs et innovateurs, traditionnalistes et révolutionnaires. Et si l'histoire de l'artisanat nous enseigne une chose, c'est que l'équilibre entre ces deux mondes est non seulement possible, mais souhaitable. Car c'est dans cet équilibre que réside la véritable essence de l'entreprise : un lieu où l'art rencontre le commerce, où la tradition se mêle à l'innovation, et où chaque produit, même s'il est produit en série, porte encore l'empreinte de l'âme humaine.

# La révolution industrielle

Imaginez un monde où le rythme de la vie est dicté par le lever et le coucher du soleil, où chaque objet que vous touchez a été façonné à la main, où le chant des oiseaux est le son le plus courant pour marquer le début d'une nouvelle journée, et où le souffle du vent dans les arbres est votre prévision météorologique la plus fiable. Voilà à quoi ressemblait la vie avant la grande danse des machines. Ce monde, bucolique et souvent romantisé, n'était pourtant pas sans ses défis. Les saisons, imprévisibles, guidaient la vie agraire. Les famines étaient fréquentes, et la moindre intempérie pouvait ruiner des mois de labeur. Les villages étaient autarciques, s'appuyant sur leurs ressources locales et un réseau serré de compétences artisanales. Le forgeron, le meunier, le tisserand… chacun avait son rôle, son importance.

Mais ce monde, aussi pittoresque soit-il, était limité dans sa capacité à progresser. Les techniques agricoles étaient rudimentaires. Les rendements, faibles. Le travail était manuel, pénible, souvent dangereux. La majeure partie de la population vivait en milieu rural, travaillant la terre de l'aube au crépuscule, simplement pour assurer sa subsistance. Les villes, elles, étaient des centres d'artisanat, de commerce, de culture. Elles grouillaient de vie, d'odeurs, de sons. Les marchands étalaient fièrement leurs marchandises, et les rues résonnaient des cris des vendeurs ambulants et du martèlement des ateliers. Les artisans y avaient une place prépondérante, car chaque produit qu'ils fabriquaient avait une histoire, une âme. Ces objets n'étaient pas de simples biens, ils étaient des témoignages vivants d'un savoir-faire ancestral.

Cependant, malgré cette effervescence, le progrès technique était lent. Les innovations étaient rares et souvent accidentelles. La transmission des savoirs se faisait de maître à apprenti, garantissant une certaine uniformité dans les techniques. Tout changement majeur était vu d'un œil sceptique, voire hostile. Car dans ce monde où chaque pièce était unique, l'innovation remettait en question l'ordre établi, bouleversait des équilibres séculaires. Pourtant, c'était un monde de relations humaines intenses. Les communautés étaient soudées, les liens sociaux forts. Chaque individu, par son métier, par son rôle, était un maillon essentiel de la chaîne sociale. L'entraide était vitale. Les fêtes, les marchés, les foires étaient des moments de rassemblement, d'échange, de célébration.

Le monde avant les machines était, en somme, un monde de contrastes. D'un côté, il y avait cette beauté simple, cette proximité avec la nature, cette authenticité dans les rapports humains. De l'autre, les limites du travail manuel, la précarité face aux aléas climatiques, l'isolement des communautés. Et c'est là, à ce carrefour d'authenticité et de limitations, que les prémices de la révolution industrielle ont commencé à germer. Car si l'homme a toujours cherché à améliorer son sort, à faciliter son travail, à accroître sa prospérité, il a aussi, dans les profondeurs de son âme, cette soif insatiable d'innovation, ce désir ardent de repousser les frontières du possible.

Mais alors, comment ce monde, si enraciné dans ses traditions, a-t-il pu accueillir les bouleversements qui allaient suivre ? Comment ces communautés, ces artisans, ces agriculteurs ont-ils réagi face à l'irruption des machines ? Était-ce vraiment le début d'une ère nouvelle, ou simplement la continuation d'une quête humaine ancestrale ? Avec l'arrivée de la machine à vapeur, de l'électricité et de nouvelles méthodes de production, le monde est entré dans une période de transformation radicale. Ces innovations, bien que techniquement impressionnantes, ont également entraîné une restructuration profonde de la manière dont les affaires étaient menées. Nous étions à l'aube de la naissance de la "grande entreprise". Avant cette période, la majorité des entreprises étaient de petites structures, souvent familiales, avec des activités locales. Les artisans dominaient la scène économique, produisant des biens à une échelle réduite. Cependant, avec la révolution industrielle, il est devenu possible de produire en masse, d'exploiter des ressources à une échelle jamais vue auparavant et de distribuer des produits sur de vastes territoires. Les industries du textile, de la métallurgie et du charbon ont été parmi les premières à connaître cette transformation.

La "grande entreprise" diffère fondamentalement de ses prédécesseurs. Elle est caractérisée par sa capacité à mobiliser d'énormes capitaux, à employer des milliers, voire des dizaines de milliers d'employés, et à opérer sur des marchés nationaux, voire internationaux. Des structures hiérarchiques complexes ont été mises en place pour gérer ces géants industriels, et une nouvelle classe de dirigeants d'entreprise est apparue, distincte des propriétaires traditionnels. L'un des éléments les plus emblématiques de cette ère fut l'émergence des usines. Immenses, bruyantes et souvent insalubres, elles symbolisaient à la fois le progrès et les défis de cette nouvelle époque. Des villes entières ont vu le jour autour de ces centres de production, attirant des travailleurs de tout le pays en quête d'opportunités. Cette concentration sans précédent de la main-d'œuvre a entraîné des défis sociaux considérables. Les conditions de travail étaient souvent éprouvantes, avec de longues heures, peu ou pas de sécurité et des salaires médiocres. Cette réalité a conduit à la naissance du mouvement ouvrier, avec ses grèves, ses manifestations et ses revendications pour de meilleures conditions.

Mais la "grande entreprise" n'était pas seulement synonyme de défis. Elle a également apporté des avantages économiques indéniables. La production de masse a entraîné une baisse des coûts et, par conséquent, des prix plus bas pour les consommateurs. De plus, la capacité à opérer à grande échelle a ouvert la voie à des innovations majeures en matière de gestion, de finance et de marketing. Les entreprises ont commencé à comprendre l'importance des marques, du positionnement sur le marché et de la fidélisation de la clientèle. La grande entreprise a également favorisé la globalisation. Grâce à la révolution des transports, en particulier les chemins de fer et la navigation à vapeur, les entreprises ont pu accéder à des marchés éloignés, créant ainsi un réseau économique mondial interconnecté.

Néanmoins, cette période n'était pas sans controverses. Si les barons de l'industrie amassaient des fortunes colossales, la disparité des richesses devenait un sujet brûlant. Les inégalités économiques se creusaient, conduisant à des tensions sociales et politiques. La naissance de la "grande entreprise" est un chapitre complexe et nuancé de notre histoire économique. Elle a posé les bases de l'économie moderne, modelé les paysages urbains et redéfini le monde du travail. Elle a apporté prospérité et innovation, mais a également soulevé des questions cruciales sur les droits des travailleurs, la responsabilité sociale des entreprises et la nature même du capitalisme.

Il est essentiel de comprendre comment ces premières "grandes entreprises" ont façonné notre monde actuel et de réfléchir à la manière dont leurs leçons peuvent nous guider à l'avenir. La révolution industrielle, en bouleversant les structures économiques, a ébranlé le tissu de la société. L'arrivée des usines et des villes industrielles a attiré des milliers de travailleurs ruraux en quête d'emploi et d'un avenir meilleur. Les rues, autrefois paisibles et dégagées, sont devenues le théâtre d'un ballet incessant de chariots, d'ouvriers et de fumées s'échappant des cheminées.

Toutefois, à l'intérieur de ces murs d'usine, la vie était loin d'être un rêve. Les journées interminables, les conditions précaires et les risques d'accidents ont marqué le quotidien des ouvriers. Ces difficultés ont cependant été le terreau des premiers mouvements syndicaux, qui ont vu le jour pour lutter pour les droits et le bien-être des travailleurs. Alors que certains s'enrichissaient, devenant les nouveaux barons de l'industrie, d'autres peinaient à joindre les deux bouts. Ces inégalités croissantes ont cristallisé les tensions sociales de l'époque, mettant en lumière le fossé grandissant entre les classes aisées et laborieuses. Cependant, parmi ces bouleversements, des évolutions positives sont également apparues. L'importance croissante accordée à l'éducation a marqué cette époque. Face à l'émergence de nouvelles professions et à la nécessité de compétences spécialisées, l'éducation est devenue un pilier de la société industrielle, menant à une hausse notable des taux d'alphabétisation.

Les femmes, elles aussi, ont été profondément touchées par cette mutation. Bien que nombre d'entre elles aient trouvé des emplois dans les usines, en particulier dans le secteur textile, elles devaient souvent travailler dans des conditions particulièrement éprouvantes, et pour des salaires moindres que leurs homologues masculins. Mais, en dépit de ces défis, leur intégration dans la main-d'œuvre a constitué une étape cruciale vers leur émancipation. La planète, quant à elle, a commencé à ressentir les effets de l'industrialisation effrénée. La déforestation, la pollution et l'épuisement des ressources naturelles sont devenus des préoccupations majeures. Ces impacts ont lentement suscité une prise de conscience environnementale, bien que modeste à l'époque.

Alors, la révolution industrielle était-elle une bénédiction ou une malédiction ? Elle était les deux à la fois. Porteuse d'innovation, de prospérité et de progrès, elle a également semé des défis, des inégalités et des préoccupations qui résonnent encore aujourd'hui. La révolution industrielle, avec son cortège de promesses et de bouleversements, ne fut pas accueillie de manière unanime. Alors que certains y voyaient le signe incontestable d'un progrès inarrêtable, d'autres, plus lucides ou simplement plus attentifs à la condition humaine, percevaient les ombres qui s'insinuaient entre les rouages des machines.

L'une de ces voix critiques, inoubliable, fut celle de Charles Dickens. À travers ses œuvres, il dépeint avec une précision acérée les bas-fonds de Londres, mettant en lumière la misère et l'exploitation des travailleurs. Des orphelins aux mineurs, des usines aux ateliers clandestins, Dickens dénonçait les injustices et l'inhumanité d'un système qui réduisait l'homme à une simple marchandise. Il n'était pas seul. Les écrivains de cette époque se sont emparés de leur plume pour témoigner de la face sombre de l'industrialisation.

Au-delà de la littérature, les critiques se sont manifestées dans le monde intellectuel. Karl Marx et Friedrich Engels ont posé un regard critique sur la dynamique du capitalisme naissant. Dans leur célèbre "Manifeste du Parti Communiste", ils mettaient en garde contre l'exploitation de la classe ouvrière et prédisaient une inévitable lutte des classes.

Pendant ce temps, sur les bancs verts des parcs anglais, se promenait un homme au regard songeur. John Ruskin, penseur, poète et artiste, ne cessait de critiquer la déshumanisation qu'entraînait l'industrialisation. Il prônait un retour à l'artisanat, où chaque objet, imprégné de l'âme de son créateur, avait une histoire et une signification. Selon lui, l'art et le travail manuel étaient les antidotes à une société de plus en plus mécanisée.

D'autres, à l'instar de William Morris, ont pris le flambeau de Ruskin et ont cherché à mettre en pratique ses idées. Morris, artiste et socialiste, a fondé le mouvement Arts and Crafts en réaction à la standardisation de la production industrielle. Il rêvait d'une société où les artisans reprenaient leur place, et où la beauté et la fonctionnalité coexistaient harmonieusement.

Ces voix critiques ont aussi trouvé écho dans les mouvements sociaux. Les premiers syndicats se sont formés, exigeant des conditions de travail plus sûres, des salaires équitables et des horaires plus humains. Des manifestations ont éclaté, parfois violemment réprimées, témoignant d'une tension grandissante entre le capital et le travail. Ces critiques, loin d'être des murmures isolés, constituaient une mosaïque de résistances face à un monde en rapide mutation. Si certaines de ces voix cherchaient à freiner l'avancée de la machine, d'autres voulaient simplement humaniser le système, le rendre plus juste et plus équitable. La question reste donc posée : et si ces critiques avaient été plus écoutées, comment notre monde aurait-il évolué ? N'aurions-nous pas pu éviter certaines des crises que nous connaissons aujourd'hui ? En revisitant ces premières voix de la critique, nous sommes invités à réfléchir à notre propre époque, à écouter les voix dissidentes d'aujourd'hui et à envisager un futur plus équilibré.

# Globalisation
# et impérialisme économique

L'histoire des entreprises ne saurait être dissociée de la grande épopée des découvertes géographiques et du désir de domination qui les accompagna. En effet, dès lors que les premières caravelles ont fendu les eaux inconnues, les entreprises, elles, ont vu poindre à l'horizon de nouvelles opportunités économiques. Cette conjonction d'exploration géographique et d'expansion économique a modelé notre monde moderne, fusionnant étroitement l'entreprise à l'aventure coloniale. Le désir de découverte du monde extérieur était principalement animé par une soif insatiable de richesses. Les épices, l'or, l'argent, et bien d'autres trésors ont poussé les navigateurs à franchir les océans, brisant au passage les mythes et les peurs qui entouraient les "terres inconnues". Mais derrière ces aventuriers, se tenaient les entreprises et les puissants financiers qui voyaient dans ces expéditions un investissement potentiellement fructueux.

La Compagnie britannique des Indes orientales est un exemple emblématique de cette alliance entre découverte et entreprise. Fondée au début du 17ème siècle, elle a obtenu du gouvernement britannique le monopole sur le commerce avec les Indes. Au fil des décennies, elle a étendu son emprise, se transformant progressivement d'une entreprise commerciale en une entité quasiétatique, contrôlant d'immenses territoires et disposant de sa propre armée. Sous son aile, le commerce des épices, des textiles et d'autres biens précieux a prospéré, enrichissant la couronne britannique et les actionnaires de la compagnie. En parallèle, sur les côtes africaines, le commerce des esclaves battait son plein, mené par des entreprises et des individus assoiffés de profit. Ces chaînes d'approvisionnement tragiques témoignent d'une dimension sombre de l'interaction entre entreprises et colonisation. L'humain était réduit à une marchandise, un simple outil pour maximiser les profits dans les plantations du Nouveau Monde.

Les entreprises n'étaient pas seulement en quête de biens et de main-d'œuvre ; elles recherchaient également de nouveaux marchés. L'opium, par exemple, est devenu un produit d'exportation majeur pour les entreprises britanniques vers la Chine. Lorsque l'empire du Milieu a tenté d'interdire ce commerce en raison de ses effets dévastateurs sur la population, cela a conduit à deux guerres de l'opium, ouvrant encore plus le pays aux intérêts commerciaux occidentaux. L'impact culturel de cette rencontre entre entreprises et territoires nouvellement découverts fut colossal. Les produits exotiques ramenés des colonies ont transformé les modes de vie en Europe, introduisant de nouvelles saveurs, de nouvelles matières et de nouvelles idées. Cependant, cette influence n'était pas à sens unique. En établissant des comptoirs commerciaux et des colonies, les entreprises ont également exporté leur culture, leurs technologies et leurs systèmes de gouvernance, souvent au détriment des cultures locales.

Mais peut-on vraiment blâmer les entreprises pour tous les maux de la colonisation ? N'étaient-elles pas simplement des instruments dans les mains de puissances plus grandes, des états-nations en quête de gloire et de domination ? La réponse n'est pas simple. Si les entreprises ont incontestablement profité de la colonisation, elles en ont également été les moteurs actifs, poussant les frontières toujours plus loin pour accéder à de nouveaux marchés et ressources. Cette phase de l'histoire, où exploration et entreprise semblaient avancer main dans la main, soulève des questions essentielles sur le rôle des entreprises dans la société. Elles ne sont pas de simples entités économiques, mais aussi des acteurs influents qui façonnent le cours de l'histoire, pour le meilleur et pour le pire.

Tout au long de l'histoire, les routes commerciales ont agi comme les artères d'une économie mondialisée naissante, transportant non seulement des biens, mais aussi des idées, des technologies et des cultures. De la célèbre Route de la soie aux autoroutes numériques modernes, ces voies ont façonné la manière dont les entreprises opèrent et influencent notre monde. Imaginez, il y a plusieurs siècles, un navire quittant les côtes indiennes, chargé d'épices exotiques, de soie précieuse et de pierres précieuses. Ces biens, recherchés dans toute l'Europe, ont fait le voyage périlleux à travers les mers tumultueuses et les pirates opportunistes pour finalement atterrir dans les marchés d'Europe. Les épices, en particulier, étaient considérées comme des produits de luxe, transformant la cuisine européenne et faisant la fortune des marchands avisés. Ces routes maritimes ont ouvert l'Europe à un monde plus vaste, stimulant la curiosité, la découverte et, inévitablement, le désir d'expansion.

Cependant, les routes du commerce ne se limitaient pas aux océans. La Route de la soie, s'étendant de la Chine à l'Europe, en est un témoignage éloquent. Pendant des siècles, elle a servi de corridor pour le commerce des biens les plus précieux : soie, thé, épices, et même la technologie. C'est par cette route que la poudre à canon, inventée en Chine, a trouvé son chemin vers l'Europe, changeant à jamais le visage des guerres. Avec l'essor de la révolution industrielle, les besoins en matières premières ont explosé. De nouvelles routes commerciales se sont développées, non seulement pour le coton, le charbon ou le fer, mais aussi pour des produits plus exotiques comme le caoutchouc ou le pétrole. Ces ressources étaient indispensables aux machines et aux usines en plein essor en Europe et aux États-Unis. Les entreprises se sont alors lancées dans une course frénétique pour sécuriser leur approvisionnement, renforçant ainsi le lien entre commerce, colonisation et impérialisme. Avec le XXe siècle est venue une autre forme de route commerciale : celle des ondes et des signaux. La technologie a commencé à raccourcir les distances. Le télégraphe, puis le téléphone, ont connecté les continents en un instant. Les entreprises pouvaient désormais opérer sur une échelle véritablement mondiale, coordonnant leurs opérations à travers les fuseaux horaires et les frontières. Le monde semblait soudainement beaucoup plus petit.

Aujourd'hui, à l'ère numérique, ces routes commerciales ont pris une nouvelle dimension. Internet a ouvert des voies inimaginables il y a à peine quelques décennies. Les entreprises d'aujourd'hui opèrent dans le cyberespace, commercialisant des biens et des services à une vitesse et une échelle sans précédent. De la même manière que les épices et la soie ont transformé les économies d'antan, les technologies de l'information redéfinissent aujourd'hui le commerce, la culture et la communication. Mais tout comme les routes maritimes du passé étaient jonchées de dangers, le cyberespace n'est pas exempt de menaces. Les cyberattaques, l'espionnage économique et les débats sur la confidentialité et la surveillance ont introduit une nouvelle dimension de risque pour les entreprises opérant dans cet espace.

Il est fascinant de voir comment, malgré l'évolution des temps et des technologies, le désir fondamental de commerce, d'échange et d'expansion demeure inchangé. Des caravanes sillonner la Route de la soie aux entreprises technologiques naviguant dans le cyberespace, l'histoire du commerce est une preuve éloquente de l'ingéniosité humaine, de sa résilience et de sa capacité à repousser sans cesse les frontières du possible. Ces routes, qu'elles soient pavées d'épices ou de bits, témoignent de la quête incessante de l'humanité pour la connexion, la découverte et la prospérité.

La globalisation est un phénomène doublement tranchant. D'une part, elle promet une interconnexion sans précédent, où les marchandises, les idées et les cultures peuvent circuler librement, effaçant les frontières et unissant le monde comme jamais auparavant. D'autre part, elle met en lumière et parfois exacerbe les inégalités économiques, sociales et culturelles. Comme tout processus complexe, la globalisation présente des avantages et des inconvénients, et ces paradoxes méritent une exploration approfondie.

La magie de la globalisation réside dans sa capacité à relier des mondes auparavant isolés. Les innovations technologiques, en particulier l'avènement d'Internet, ont permis aux entreprises et aux individus de communiquer et d'échanger avec une facilité sans précédent. Là où autrefois les distances semblaient insurmontables, aujourd'hui, un e-mail, un tweet ou un appel vidéo peuvent combler des milliers de kilomètres en quelques secondes. Les marchés sont désormais mondiaux, les produits et services sont accessibles à des populations toujours plus vastes, et les cultures se rencontrent et s'entremêlent de manières auparavant inimaginables. Pourtant, cette interconnexion a aussi son revers. Si certains ont bénéficié des opportunités offertes par la globalisation, d'autres ont été laissés pour compte.

Les inégalités économiques se sont creusées, avec des multinationales accumulant d'énormes profits tandis que certaines régions et populations peinent à joindre les deux bouts. La globalisation a, dans certains cas, favorisé les puissants au détriment des vulnérables, exacerbant les inégalités entre pays riches et pauvres, entre élites urbaines et populations rurales.

Sur le plan culturel, le mélange des traditions et des modes de vie peut être une source d'enrichissement mutuel. Les arts, la musique, la cuisine et la littérature ont évolué grâce aux influences croisées des cultures du monde entier. Cependant, il y a également des craintes de domination culturelle, où les cultures dominantes éclipsent et marginalisent les traditions locales. Dans certains contextes, la globalisation est perçue comme une forme d'impérialisme culturel, où les modes de vie occidentaux ou les idéologies du marché libre sont imposés aux dépens des identités locales. L'environnement n'est pas non plus épargné par ces paradoxes. La globalisation a conduit à une augmentation massive de la production et de la consommation, avec des avantages certains en termes d'accès aux biens et services. Cependant, cela a également entraîné une surexploitation des ressources, des changements climatiques et une dégradation de l'environnement à une échelle sans précédent.

Peut-être que le paradoxe le plus frappant de la globalisation est la manière dont elle a à la fois rapproché et divisé les individus. Grâce aux technologies de communication, nous sommes plus connectés que jamais, capables de tisser des liens avec des personnes de cultures et de milieux très différents. Pourtant, la même technologie a également creusé des fossés. Les bulles d'information, les échos de la polarisation et la désinformation peuvent isoler les individus dans des réalités divergentes, malgré leur interconnexion apparente. La globalisation est un miroir complexe qui reflète à la fois nos plus grandes réussites et nos plus profonds défis en tant que société mondiale. Elle offre des opportunités inégalées de croissance, d'innovation et de connexion, mais elle met également en évidence les fractures et les inégalités qui subsistent.

Comprendre ces paradoxes est essentiel. Cela nous permet non seulement de naviguer dans le monde globalisé avec discernement, mais aussi de chercher des moyens de maximiser ses bénéfices tout en atténuant ses inconvénients. La globalisation n'est ni intrinsèquement bonne ni mauvaise ; elle est ce que nous en faisons. Et à travers une réflexion, une action éclairée et une coopération internationale, nous avons le pouvoir de façonner la direction qu'elle prendra à l'avenir.

La globalisation, telle une vague puissante, a balayé notre planète, transformant presque tous les aspects de nos vies, de nos économies à nos cultures. Mais à mesure que les effets secondaires de cette intégration mondiale se sont manifestés, de nombreuses voix ont réclamé une approche plus mesurée, voire une inversion de la tendance. La question se pose alors : maintenant que le "génie" de la globalisation est sorti de sa bouteille, peut-on vraiment le renvoyer à l'intérieur ? Pour y répondre, nous devons d'abord comprendre la nature du "génie" en question. La globalisation n'est pas simplement un phénomène économique ; elle est également culturelle, technologique et sociale. Elle englobe l'intégration des marchés mondiaux, la diffusion rapide de l'information, la migration des peuples et le mélange des cultures. Ces forces combinées ont créé un monde plus interconnecté et interdépendant que jamais.

Certains arguments en faveur du retour en arrière sont convaincants. La disparité économique, la perte de souveraineté nationale et les impacts environnementaux sont autant de préoccupations légitimes. Des mouvements populistes et nationalistes dans de nombreuses régions du monde plaident pour une réaffirmation de l'identité nationale et une résistance à l'influence étrangère. Ces mouvements suggèrent que la globalisation est allée trop loin et qu'il est temps de retrouver un équilibre. Cependant, mettre un frein complet à la globalisation présente des défis majeurs. Les économies sont désormais si étroitement liées que la moindre perturbation dans une région peut avoir des répercussions mondiales. De plus, la technologie, en particulier Internet, a rendu les frontières presque obsolètes en matière de communication et d'échange d'informations. La jeunesse d'aujourd'hui grandit dans un monde où les cultures se croisent quotidiennement, influençant la musique, la mode, la cuisine et même la langue.

La question est donc moins de savoir si nous pouvons "remettre le génie en bouteille", mais plutôt de savoir comment nous pouvons le guider dans une direction qui maximise les bénéfices tout en minimisant les inconvénients. Plutôt que de lutter contre les courants de la globalisation, il pourrait être plus sage de les canaliser. Comment y parvenir ? En premier lieu, nous devons repenser les systèmes économiques pour qu'ils soient plus inclusifs. Plutôt que de permettre à la richesse de s'accumuler entre les mains de quelques-uns, nous devons chercher des moyens de partager les avantages de la globalisation plus largement. Les institutions internationales, comme l'ONU ou l'OMC, peuvent jouer un rôle crucial à cet égard, en encourageant des politiques qui favorisent une croissance équitable.

Sur le plan culturel, il est essentiel de promouvoir le respect et la compréhension mutuels. La globalisation ne doit pas signifier l'éradication des cultures locales, mais plutôt leur célébration et leur fusion dans un mélange mondial. Cela nécessite une éducation qui valorise la diversité et enseigne l'importance de la coexistence pacifique.

Enfin, le défi environnemental doit être abordé avec sérieux. La globalisation a entraîné une industrialisation rapide, souvent au détriment de l'environnement. Il est impératif de repenser la manière dont nous produisons et consommons, en privilégiant la durabilité. Les accords internationaux, tels que l'Accord de Paris sur le climat, sont un pas dans cette direction.

La globalisation est une force puissante qui a transformé notre monde de manière irréversible. Au lieu de chercher à "remettre le génie en bouteille", nous devons apprendre à vivre avec lui, en guidant son énergie vers la création d'un monde plus juste, plus inclusif et plus durable. Il ne s'agit pas de revenir en arrière, mais de progresser ensemble, avec sagesse et vision.

# L'éthique à la dérive

À mesure que le monde s'est globalisé et que les entreprises ont pris de l'ampleur, une tendance inquiétante a émergé : la course effrénée au profit, souvent au détriment de l'éthique et de la morale. Bien que le profit ait toujours été l'objectif ultime de toute entreprise, la manière dont certaines grandes entreprises l'ont poursuivi a soulevé des questions cruciales sur le rôle de l'éthique dans le monde des affaires moderne. La course au profit n'est pas en soi un problème. Après tout, les entreprises existent pour générer des profits, et ces profits permettent d'investir, de créer des emplois et de stimuler l'économie. Cependant, lorsque cette course devient le seul objectif, d'autres valeurs essentielles sont souvent reléguées au second plan. Le respect des droits de l'homme, la protection de l'environnement et l'intégrité dans les relations d'affaires sont parfois sacrifiés sur l'autel du gain financier.

Une manifestation visible de cette course effrénée au profit est la rémunération exorbitante des PDG de certaines des plus grandes entreprises du monde. Alors que la plupart des salariés voient leurs salaires stagner, voire diminuer, les dirigeants de ces géants corporatifs gagnent souvent des sommes astronomiques. Cette disproportion alimente le sentiment que les grandes entreprises sont déconnectées de la réalité quotidienne de leurs employés et de la société dans son ensemble. Parallèlement à ces salaires, il y a eu de nombreux scandales impliquant des entreprises qui ont mis en péril la santé et la sécurité de leurs clients ou de l'environnement dans le but d'augmenter leurs profits. Qu'il s'agisse de la manipulation de données sur les émissions polluantes ou de la production d'aliments et de médicaments non sécuritaires, ces incidents montrent comment la course au profit peut éclipser la responsabilité morale et éthique.

Mais comment en sommes-nous arrivés là ? Plusieurs facteurs ont contribué à cette situation. La pression constante des actionnaires pour obtenir des rendements toujours plus élevés, la concurrence féroce dans un marché mondialisé et le manque de réglementation dans certaines régions du monde ont créé un environnement où le profit est parfois poursuivi à tout prix. Il est également essentiel de noter le rôle de la culture d'entreprise. Dans certaines entreprises, la culture promeut l'innovation, l'éthique et le respect mutuel. Dans d'autres, elle valorise uniquement les résultats financiers, quelle que soit la méthode utilisée pour les obtenir. Les employés, quel que soit leur niveau, sont influencés par cette culture. Si l'éthique et l'intégrité ne sont pas valorisées au sommet, il est peu probable qu'elles le soient à la base.

Alors, que peut-on faire pour rétablir l'équilibre entre profit et éthique ? Tout d'abord, il est essentiel de reconnaître que le profit et l'éthique ne sont pas mutuellement exclusifs. Des entreprises peuvent être à la fois rentables et éthiques. Pour y parvenir, il est crucial de placer l'éthique au cœur de la culture d'entreprise, de la stratégie et des décisions quotidiennes. Les réglementations et les lois peuvent également jouer un rôle en fixant des normes minimales de comportement. Cependant, pour que ces normes soient efficaces, elles doivent être accompagnées de sanctions appropriées pour les contrevenants. L'autorégulation par l'industrie peut également être une solution, à condition qu'elle soit sincère et non pas une simple tentative de relations publiques.

Enfin, en tant que consommateurs, nous avons également un rôle à jouer. En choisissant de soutenir des entreprises éthiques et en rejetant celles qui ne le sont pas, nous pouvons envoyer un message clair sur ce que nous valorisons. Après tout, les entreprises existent pour répondre à nos besoins et à nos désirs. Si nous exigeons de l'éthique et de l'intégrité, elles seront incitées à fournir exactement cela.

La course au profit a souvent éclipsé l'éthique dans le monde des affaires moderne. L'évolution des entreprises, avec leurs avancées impressionnantes, leurs innovations technologiques et leur influence grandissante, a parfois eu un coût humain incommensurable. Dans cette poursuite sans fin du profit, il y a eu des moments où les entreprises ont placé les gains financiers avant la vie et le bien-être des individus. Ces histoires, bien que tragiques, nous rappellent l'importance d'un équilibre entre profit et éthique.

L'une des tragédies les plus marquantes de l'histoire industrielle est celle de la Triangle Shirtwaist Factory à

New York en 1911. Des centaines de travailleurs, pour la plupart de jeunes immigrantes, travaillaient dans des conditions précaires, enfermés à clé dans un bâtiment pour éviter les vols ou les pauses non autorisées. Lorsqu'un incendie s'est déclaré, ces mêmes portes verrouillées sont devenues des pièges mortels, causant la mort de 146 personnes. Cette catastrophe a mis en lumière les conditions de travail déplorables et a conduit à des réformes majeures des normes de sécurité au travail aux États-Unis.

Puis, il y a l'histoire poignante de Bhopal en Inde, en 1984. Une fuite de gaz toxique dans une usine de pesticides, appartenant à la multinationale Union Carbide, a causé la mort instantanée de milliers de personnes et a affecté la santé de centaines de milliers d'autres, un effet qui persiste jusqu'à aujourd'hui. Ce désastre est souvent cité comme un exemple de négligence corporative et de l'échec de l'entreprise à respecter des normes de sécurité adéquates dans un pays en développement.

Le secteur de l'habillement, malheureusement, n'a pas tiré de leçons de l'incident de la Triangle Shirtwaist Factory. Le drame du Rana Plaza au Bangladesh en 2013, où plus de 1 100 travailleurs sont morts après l'effondrement d'un immeuble abritant plusieurs ateliers de confection, en est un exemple éloquent. Cet événement a révélé au grand jour les pratiques douteuses de certaines grandes marques de vêtements, qui privilégiaient les coûts réduits à la sécurité des travailleurs.

Ces tragédies, aussi horribles soient-elles, ne sont pas des cas isolés. À travers le monde et à travers les âges, la quête effrénée du profit a conduit à des pratiques dangereuses, à l'exploitation et, dans les cas les plus extrêmes, à des pertes en vies humaines. Mais que nous apprennent ces histoires ? D'abord, elles montrent que l'absence de réglementation ou la non-application de réglementations existantes peut avoir des conséquences catastrophiques. Lorsque les entreprises ne sont pas tenues de respecter des normes minimales de sécurité ou d'éthique, elles peuvent être tentées de sacrifier ces normes au profit. De plus, ces tragédies soulignent la responsabilité que portent les consommateurs. Dans une ère de mondialisation, où les produits que nous achetons sont souvent fabriqués à l'autre bout du monde, il est essentiel de se demander quel est le véritable coût de ces produits. Est-il acceptable d'acheter un vêtement à bas prix si cela signifie que quelqu'un, quelque part, travaille dans des conditions dangereuses ou est payé un salaire de misère ?

Enfin, ces histoires rappellent aux entreprises elles-mêmes la gravité de leur responsabilité. L'éthique ne doit pas être un simple mot à la mode ou un argument de vente, mais une véritable valeur au cœur de toutes les décisions. Les entreprises ont la capacité d'améliorer la vie des gens, de créer des emplois et d'apporter des innovations positives. Mais elles ont également le pouvoir de causer des dommages irréparables si elles ne sont pas tenues en échec.

Alors que nous réfléchissons à ces histoires tragiques, nous devons nous demander comment nous pouvons éviter qu'elles ne se reproduisent à l'avenir. La réponse réside dans un équilibre entre la quête du profit et le respect de l'éthique, des individus et de notre planète. Face à ces dérives et aux critiques croissantes de la société, un nouveau concept a émergé : la responsabilité sociétale des entreprises (RSE). Ce dernier incarne la prise de conscience des entreprises de leur rôle dans la société et de l'importance de mener leurs activités de manière éthique et durable. La RSE n'est pas simplement une tendance passagère ou un slogan marketing. Elle découle d'une prise de conscience profonde que les entreprises, en tant qu'acteurs majeurs de l'économie mondiale, ont une influence considérable sur la société et l'environnement. Cette influence peut être positive, créant des emplois, favorisant l'innovation et contribuant au bien-être économique. Mais elle peut aussi être néfaste, comme l'ont montré de nombreux scandales et catastrophes.

La genèse de la RSE remonte à plusieurs décennies. Dans les années 1960 et 1970, à la suite de mouvements sociaux, de scandales environnementaux et d'une méfiance croissante à l'égard des grandes entreprises, l'idée que les entreprises avaient des responsabilités au-delà du simple profit a commencé à prendre racine. Il ne s'agissait plus seulement de générer des revenus pour les actionnaires, mais aussi de tenir compte de l'impact de leurs activités sur la société et l'environnement. Au fur et à mesure que la RSE gagnait en popularité, des normes et des cadres de référence ont été développés pour aider les entreprises à définir et à mettre en œuvre des pratiques responsables. Des initiatives comme le Pacte mondial des Nations Unies ou les Principes directeurs de l'OCDE pour les entreprises multinationales ont fourni des lignes directrices sur la manière dont les entreprises peuvent et doivent agir de manière éthique.

Mais pourquoi, pourrait-on se demander, une entreprise choisirait-elle de suivre ces directives ? Après tout, n'est-ce pas dans la nature même de l'entreprise de maximiser les profits ? Plusieurs raisons peuvent expliquer cet engouement pour la RSE. Il y a la pression des parties prenantes. Les consommateurs, de plus en plus informés et conscients des enjeux globaux, sont nombreux à privilégier les entreprises qui démontrent un engagement envers des pratiques éthiques. Les investisseurs, également, reconnaissent de plus en plus que les entreprises qui intègrent la RSE dans leur stratégie sont susceptibles d'être plus durables à long terme. La RSE est souvent une source d'innovation. En cherchant à résoudre des problèmes sociaux ou environnementaux, les entreprises peuvent découvrir de nouvelles opportunités de marché ou développer de nouveaux produits et services. Par exemple, la recherche de solutions énergétiques plus propres ou la création de produits éco-conçus sont autant d'opportunités pour les entreprises de se démarquer de la concurrence. Enfin, la

RSE est également une question de vision à long terme. Les entreprises qui négligent leurs responsabilités sociales ou environnementales courent le risque de dommages à leur réputation, de litiges coûteux ou de sanctions réglementaires. En intégrant la RSE dès le départ, elles peuvent anticiper et gérer ces risques.

Il est important de noter que la RSE n'est pas une solution miracle. Tout comme les entreprises ont le pouvoir de causer du tort, elles ont aussi le pouvoir de faire le bien. La RSE est un outil, un cadre de référence qui, s'il est utilisé correctement, peut aider les entreprises à équilibrer leurs objectifs de profit avec leur impact sur la société et l'environnement. Il appartient à chaque entreprise de définir ce que signifie être socialement responsable pour elle et de mettre en œuvre ces principes avec sincérité et engagement.

Une conduite éthique est-elle seulement une contrainte ou peut-elle aussi se révéler être une source de profit ? L'éthique, souvent perçue comme un luxe ou une charge supplémentaire, mérite une réflexion plus approfondie. Car, en réalité, l'éthique et la rentabilité peuvent non seulement coexister, mais elles peuvent aussi se renforcer mutuellement. Il est tentant de considérer l'éthique en entreprise comme une question de bien ou de mal, de noir ou de blanc. Cependant, dans le monde complexe des affaires, elle se présente davantage comme un spectre de nuances. Et c'est dans ces nuances que réside la potentialité d'une rentabilité éthique.

D'abord, penchons-nous sur l'image de marque. Dans une ère d'hyperconnectivité, où les consommateurs ont accès à une multitude d'informations et où leur fidélité est volatil, l'image de marque est cruciale. Les entreprises qui font preuve d'intégrité, de transparence et d'authenticité sont plus susceptibles d'attirer et de fidéliser une clientèle. Le capital de confiance, une fois établi, est un atout inestimable. Les consommateurs, conscients des enjeux sociaux et environnementaux, sont de plus en plus nombreux à soutenir les entreprises qui reflètent leurs valeurs, transformant ainsi leurs convictions éthiques en décisions d'achat. Ensuite, l'éthique en entreprise peut aussi être un levier d'innovation. Face à des défis sociaux ou environnementaux, les entreprises éthiques sont poussées à repenser leurs modèles opérationnels, à innover et à trouver des solutions durables. Cela peut conduire à la création de nouveaux produits, à l'ouverture de nouveaux marchés ou à l'optimisation de processus existants. De telles innovations, ancrées dans une démarche éthique, peuvent non seulement répondre à des besoins sociaux urgents, mais aussi générer des revenus significatifs.

L'éthique a également un rôle crucial dans la gestion des talents. Les employés d'aujourd'hui, en particulier les plus jeunes générations, recherchent un sens dans leur travail. Ils veulent faire partie d'organisations qui ont un impact positif sur le monde. Une culture d'entreprise éthique peut attirer et retenir ces talents, réduisant ainsi les coûts liés au roulement de personnel et augmentant la productivité. Lorsque les employés croient en la mission de leur entreprise, ils sont plus engagés, plus motivés et souvent plus productifs. Il est également crucial de considérer les risques associés à une conduite non éthique. Les litiges, les amendes, les rappels de produits et les dommages à la réputation peuvent coûter cher aux entreprises. Une approche proactive de l'éthique, qui anticipe et évite ces risques, est non seulement judicieuse d'un point de vue moral, mais aussi d'un point de vue financier.

Cependant, il est essentiel de noter que l'éthique ne devrait jamais être vue comme une simple stratégie pour augmenter les profits. Elle doit être sincère et ancrée dans les valeurs fondamentales de l'entreprise. Les consommateurs, les employés et les autres parties prenantes peuvent facilement discerner les tentatives superficielles de "greenwashing" ou d'éthique de façade. La véritable éthique est authentique et profonde, et c'est cette authenticité qui, à long terme, se traduira par une fidélisation de la clientèle, une innovation accrue et une meilleure performance financière.

L'éthique en entreprise n'est pas une question de compromis entre le bien et le profit. C'est une reconnaissance que, dans le monde des affaires d'aujourd'hui, le bien peut être profitable et que le profit peut être réalisé de manière éthique. En plaçant l'éthique au cœur de leur stratégie, les entreprises ne se contentent pas de faire ce qui est juste ; elles tracent également la voie vers un avenir prospère et durable.

# L'environnement sacrifié

Imaginez un instant une vierge Terre. Les premières formes de vie, les premiers souffles d'air, les vastes étendues d'eau. Une planète pure, intouchée. Puis, petit à petit, le passage des âges. Les dinosaures, les premiers mammifères, et enfin, l'homme. Avec l'évolution de l'homme, vient l'innovation, et avec l'innovation, le début de notre empreinte. Ah, l'épopée humaine ! Elle est parsemée de découvertes, d'inventions et de créations, mais aussi d'une soif inépuisable d'expansion. Et avec chaque nouvelle invention, chaque nouvel édifice, chaque nouvelle industrie, notre douce planète a commencé à porter le fardeau de notre progrès.

Il était une fois, dans un monde où les entreprises étaient à peine naissantes, où l'empreinte principale laissée derrière était celle d'un charbonnier ou d'un forgeron. Mais avec le temps, ces empreintes individuelles se sont agrégées, se sont multipliées, jusqu'à devenir des géants. De vastes industries ont vu le jour, engloutissant des ressources comme un enfant gourmand dévore un bol de bonbons. L'ironie, bien sûr, est que ces mêmes entreprises, symboles du progrès humain, sont devenues les artisans du déclin environnemental. Les rivières autrefois claires sont devenues sombres, les ciels autrefois bleus se sont assombris. Vous voyez, en faisant avancer l'humanité, on a, d'une certaine manière, reculé.

Mais revenons à nos moutons, ou plutôt à nos entreprises. Pourquoi cet acharnement contre notre propre maison ? Est-ce la nature même de l'entreprise de consommer sans fin, de ne jamais être satisfaite ? Et si oui, peut-on vraiment leur en vouloir ? Après tout, les entreprises sont à l'image de ceux qui les dirigent, et ces dirigeants ne sont-ils pas simplement des reflets de nous-mêmes ? Avec l'arrivée des industries, il est devenu évident que pour produire en masse, pour répondre à une demande croissante, il fallait puiser davantage dans les ressources de la Terre. Et voilà comment nous sommes passés de petites empreintes discrètes à des cicatrices béantes dans la peau de notre planète. Des forêts rasées pour faire place à des usines, des montagnes percées pour extraire leurs minerais, des océans pollués avec les rejets de nos progrès.

Mais attendez une seconde. Arrêtons-nous et posons-nous la question : Et si tout cela n'était pas inévitable ? Et si, au cœur de cette saga, se cachait une lueur d'espoir ? Certes, l'histoire de l'empreinte environnementale des entreprises n'est pas jolie-jolie, mais elle n'est pas gravée dans la pierre. Elle peut être réécrite. Elle doit l'être. Et si le passé est un conte de dégâts et d'erreurs, l'avenir, lui, est encore à écrire. Et si nous le faisions d'une plume verte cette fois ? Une plume chargée d'espoir, de sagesse et d'innovation. C'est un défi, certes, mais quel défi excitant !

Imaginez un tableau, un magnifique paysage peint par un artiste inconnu des siècles passés. Une scène bucolique où une rivière sinueuse serpente à travers une vallée, ses eaux claires reflétant le ciel azur. Mais au fur et à mesure que le temps passe, les couleurs du tableau s'estompent, la rivière devient sombre et le ciel se voile d'un nuage gris. Ce tableau, mes chers lecteurs, est une allégorie de notre planète depuis l'aube de l'industrialisation. Le pinceau entre les mains des entreprises a délibérément ou inconsciemment redessiné ce tableau, apportant avec lui des nuances sombres de pollution et de dégradation. Rappelez-vous le doux murmure des rivières que nos ancêtres écoutaient, ces mêmes rivières qui se sont transformées au fil du temps en autoroutes pour les déchets industriels. De l'encre, des produits chimiques, des métaux lourds, tous ont trouvé leur chemin dans l'eau que nous buvons, dans l'eau où nos enfants jouent.

Mais, comment en sommes-nous arrivés là ? Pourquoi ce paradis d'autrefois porte-t-il aujourd'hui les cicatrices de notre ambition ? En vérité, ce n'était pas une malice intentionnelle, mais plutôt une quête aveugle de progrès, une danse frénétique avec l'innovation, souvent au détriment de tout le reste.

Puis il y a le ciel. Ah, le ciel ! Autrefois, un enfant pouvait se coucher dans l'herbe, lever les yeux et s'évader dans un monde de rêves, chassant les nuages flottants. Aujourd'hui, dans de nombreuses métropoles, ce ciel est une toile de fumées et de suie, les étoiles obscurcies par la lumière artificielle et la pollution. La machine à vapeur, ce magnifique monstre mécanique, a été l'une des premières à cracher sa fumée dans l'air. Puis vinrent les usines, avec leurs hautes cheminées qui relâchaient dans l'atmosphère des panaches de fumée. L'air, autrefois pur et vivifiant, s'est lentement chargé de particules, d'odeurs et de toxines. Mais ne soyons pas trop durs envers ces pionniers. Après tout, leur vision était de créer un monde meilleur, plus efficace, plus connecté. Ils n'avaient peut-être pas réalisé que leur rêve d'abondance et de progrès avait un coût caché. Ou peut-être ont-ils choisi de fermer les yeux, en espérant que les générations futures trouveraient des solutions.

La question que nous devons nous poser n'est pas tant de savoir comment nous en sommes arrivés là, mais plutôt comment nous pouvons réparer, comment nous pouvons redessiner ce tableau avec des couleurs plus vives, plus pures.

Mais alors, est-ce vraiment si noir et blanc ? Peut-être que cette phase tumultueuse de notre histoire était nécessaire. Peut-être que, comme un enfant qui apprend à marcher, l'humanité devait trébucher, tomber, pour mieux comprendre et avancer. Des rivières teintées et des ciels enfumés sont des témoins silencieux de notre voyage, de nos erreurs, mais aussi de notre capacité à innover, à rêver et à changer. Alors, même si ce tableau semble sombre pour l'instant, je crois fermement que nous avons en nous la capacité de ramener ces couleurs, de retrouver cette harmonie perdue. Avez-vous déjà ressenti cette mélancolie en regardant un coucher de soleil enfumé ou en marchant le long d'une rivière autrefois claire ? Avez-vous déjà rêvé d'un monde où la nature et l'homme pourraient coexister en parfaite harmonie ?

Imaginez une forêt après un incendie. Au premier coup d'œil, tout semble perdu. Les arbres noircis se dressent comme des spectres, le sol est jonché de cendres. Pourtant, avec le temps, la nature trouve le moyen de se régénérer. De petites pousses vertes commencent à émerger du sol, les signes d'un nouveau départ. Tout comme cette forêt, la conscience écologique de notre société a vu le jour au milieu des cendres de la destruction environnementale. Au début, il y avait la réaction. C'était l'époque où les gens commençaient à prendre conscience des dommages causés par nos actions. Des images de plages jonchées de déchets plastiques, d'animaux pris au piège dans des filets abandonnés, ou de forêts tropicales rasées, ont commencé à faire la une des journaux. Ces visions, aussi choquantes qu'elles soient, étaient nécessaires. Elles ont servi de réveil pour beaucoup. Des voix se sont élevées, criant à l'injustice, exigeant des réponses. Le "mouvement vert" était né d'une réaction viscérale à la dégradation de notre planète.

Puis vint l'action. Armés d'une détermination inébranlable, des individus et des groupes ont pris les choses en main. Ce n'était plus seulement une question de dénonciation, mais d'intervention. Des manifestations ont été organisées, des lois ont été proposées, et des initiatives ont été lancées. Les entreprises, longtemps considérées comme les principaux coupables, ont été mises au défi de changer. Et beaucoup l'ont fait. Des pratiques plus durables ont été adoptées, des produits respectueux de l'environnement ont été développés, et une nouvelle ère de responsabilité corporative a vu le jour. Cependant, agir après coup est une chose, anticiper et prévenir en est une autre. Et c'est là que la proaction entre en jeu. Au lieu de simplement réagir aux crises environnementales, il s'agissait de les anticiper et de mettre en place des stratégies pour les éviter. Les entreprises ont commencé à voir au-delà du profit immédiat, reconnaissant que la durabilité n'était pas seulement bonne pour la planète, mais aussi pour les affaires.

Ainsi, les technologies vertes ont émergé. L'énergie solaire, l'éolien, la géothermie et d'autres sources d'énergie renouvelable sont devenues des alternatives viables aux combustibles fossiles. Les bâtiments écologiques, conçus pour être économes en énergie et respectueux de l'environnement, sont devenus la norme plutôt que l'exception. Les produits ont été conçus pour être recyclés, réutilisés et réduits. Le mouvement vert est donc une danse en trois temps : réaction, action, proaction. C'est un voyage de prise de conscience, d'intervention et, finalement, de vision.

Mais que se passerait-il si nous allions plus loin ? Si, au lieu de simplement "faire moins de mal", nous nous efforcions de "faire le bien" ? Si nous considérions la nature non pas comme une ressource à exploiter, mais comme un partenaire avec lequel collaborer ? Imaginez un monde où chaque action, grande ou petite, est guidée par le respect de la nature, où chaque décision est prise en tenant compte des sept générations à venir. Un monde où les entreprises ne sont pas jugées uniquement sur leurs profits, mais aussi sur leur contribution positive à la planète. Et si ce monde n'était pas une simple utopie, mais une vision à portée de main ? Si le mouvement vert n'était que le début d'un changement plus profond, d'une révolution de la conscience ? Êtes-vous un spectateur, un acteur, ou peut-être le chorégraphe de ce mouvement grandissant ? Car chaque pas compte, chaque geste a son importance. Et ensemble, nous pouvons créer une symphonie d'actions vertes qui résonnera à travers les âges.

*Entrepreneurs verts :*
*Sauver le monde tout en faisant des affaires.*

Il était une fois, dans un monde où le mot "affaires" évoquait des tours scintillantes de verre et d'acier, des hommes en costumes cravates, et le doux son de la machine à compter. Dans ce monde, la nature était souvent reléguée au second plan, sacrifiée sur l'autel du profit. Mais, comme dans toute histoire passionnante, des héros inattendus sont apparus sur la scène : les entrepreneurs verts. Imaginez un homme ou une femme, pas si différent de vous ou de moi, qui regarde le monde avec des yeux remplis d'émerveillement et de préoccupation. Ces individus voient au-delà des profits et des pertes, et imaginent un monde où la nature et les affaires ne sont pas en opposition, mais en harmonie. L'entrepreneur vert n'est pas un rêveur naïf, c'est un visionnaire pragmatique. Il sait que la clé du succès à long terme réside dans l'équilibre entre la prospérité économique et la durabilité environnementale.

Laissez-moi vous raconter l'histoire de Léa, une jeune femme passionnée par la mode. En parcourant les allées de boutiques à la recherche de la dernière tendance, elle a été frappée par une pensée : "Et si la mode pouvait être à la fois belle et bénéfique pour la planète ?" Plutôt que de simplement rêver, Léa a pris les choses en main. Elle a créé une ligne de vêtements fabriqués à partir de matériaux recyclés, sans produits chimiques nocifs, et produits localement pour réduire l'empreinte carbone. Ses créations étaient non seulement esthétiques, mais aussi éthiques. Et devinez quoi ? Elles se sont vendues comme des petits pains. Léa n'était pas seulement une entrepreneuse, elle était une entrepreneuse verte.

Ces héros modernes comprennent quelque chose de fondamental : les affaires, dans leur essence, sont une forme d'échange. Et cet échange ne se limite pas à l'argent. Il s'agit de donner et de prendre, de créer de la valeur tout en respectant les limites de notre planète. Ils voient les défis environnementaux non pas comme des obstacles, mais comme des opportunités. Des opportunités de créer des produits et des services innovants, de répondre à une demande croissante des consommateurs pour des options plus durables, et de laisser une empreinte positive sur le monde. Mais peut-on vraiment sauver le monde tout en faisant des affaires ? Les cyniques diront que c'est une contradiction, une chimère. Mais ces entrepreneurs verts ont une réponse simple : "Regardez-nous faire." Ils ne se contentent pas de parler, ils agissent. Ils investissent dans des technologies propres, ils recherchent des matériaux durables, ils favorisent des chaînes d'approvisionnement éthiques. Et le plus beau dans tout cela ? Ils inspirent les autres à faire de même. À chaque succès, à chaque histoire de triomphe contre les odds, ils montrent que le chemin vert est non seulement viable, mais aussi profitable. Ils rappellent que l'innovation n'est pas seulement une question de technologie, mais aussi de mentalité.

Alors, lorsque que vous entendrez parler d'un entrepreneur vert, ne le voyez pas simplement comme un homme ou une femme d'affaires. Voyez-le comme un conteur, un pionnier, un gardien de notre planète. Car, à bien des égards, ces individus écrivent une nouvelle histoire pour notre monde, une histoire où la nature et les affaires coexistent en harmonie, une histoire où la fin est encore à écrire. Et si, au fond, nous étions tous des entrepreneurs verts en devenir ? Si chacun de nous, à notre échelle, pouvait contribuer à cette belle histoire ? Après tout, le plus grand voyage commence toujours par un premier pas.

# Les régulations :
# Amies ou ennemies ?

Imaginez un monde où les océans sont des étendues sans frontières, où le vent souffle librement à travers les continents sans rencontrer de barrière. Cet univers de liberté infinie semble séduisant, n'est-ce pas ? Maintenant, visualisez le monde des entreprises tel un océan sans limites, où les navires naviguent sans chaînes ni contraintes, en quête de trésors inexplorés. Voici le panorama d'une époque révolue : l'ère de l'entreprise sans entraves.

Le monde des affaires, comme toute histoire épique, est jonché de héros audacieux, de rêveurs intrépides et d'aventuriers en quête de richesse. Dans cette époque lointaine, le ciel était la seule limite. Les entreprises, semblables à de puissantes flottes, naviguaient sur les mers tumultueuses du marché, se frayant un chemin à travers les vagues de la concurrence, guidées uniquement par le phare de la rentabilité. Ah, l'éclat du succès ! Il y avait quelque chose d'enivrant à pouvoir concevoir, créer et conquérir sans chaînes pour entraver sa trajectoire. Sans lois ni réglementations, les entreprises se lançaient dans des expéditions audacieuses, repoussant sans cesse les limites de l'innovation. Mais comme tout marin le sait, une mer sans tempête est une utopie. Et bientôt, les conséquences inattendues de cette liberté sans limite ont commencé à émerger.

Imaginez un village pittoresque près d'une rivière sinueuse. Chaque matin, ses habitants se réveillent au doux murmure de l'eau, et leurs journées sont rythmées par les cycles de la nature. Mais un jour, une usine s'installe en amont. Elle produit des merveilles technologiques, des objets qui rendent la vie plus facile et plus belle. Le village célèbre cette nouveauté, y voyant une promesse de prospérité. Cependant, l'usine rejette secrètement des déchets dans la rivière. Bientôt, l'eau jadis cristalline devient trouble, les poissons disparaissent, et le murmure de la rivière se transforme en un grognement silencieux. L'entreprise prospère, le village dépérit. Ces histoires, hélas, n'étaient pas rares. La soif de croissance, lorsqu'elle n'est pas tempérée, peut engendrer des conséquences indésirables. Certains diront que c'était le prix à payer pour le progrès. Mais était-ce vraiment un progrès si le coût en était la détérioration de notre environnement, la disparition de notre bien-être commun ?

Mais attendez, cette histoire n'est pas une simple diatribe contre l'entreprise. Car au cœur de cette saga se trouve une vérité plus nuancée. Les entreprises, dans leur quête sans fin de croissance, ont également été les pionnières de l'innovation, apportant des solutions aux problèmes les plus complexes de la société. Elles ont créé des emplois, stimulé les économies et enrichi nos vies de mille façons. Alors, comment concilier ces deux visages de la médaille ? La réponse pourrait bien se trouver dans un mot : équilibre. Un équilibre entre la liberté d'innover et la responsabilité de préserver. Un équilibre entre le désir de prospérer et le devoir de protéger. Et c'est là que le rôle des régulations devient crucial. Mais avant de plonger dans le débat sur la régulation, prenons un moment pour nous immerger pleinement dans cette époque fascinante de l'entreprise sans entraves. Car pour comprendre notre présent, nous devons souvent revisiter notre passé, avec ses triomphes et ses échecs, ses rêves et ses cauchemars. Quel rôle avons-nous joué dans cette histoire ? Et plus important encore, quel rôle choisirons-nous de jouer à l'avenir ?

## La danse délicate de la politique publique

Imaginez un bal masqué où les danseurs virevoltent dans une salle somptueuse. La musique est envoûtante, les costumes chatoyants, et chaque mouvement semble fluide, presque magique. Mais sous cette apparente harmonie se cache une complexité sans nom. Chaque danseur, chaque mouvement, chaque note est le fruit d'une coordination précise, une danse délicate entre le désir individuel et le bien commun. Voici l'image de la politique publique, une danse complexe entre entreprises et régulateurs. Au cœur de cette valse, deux partenaires : l'entreprise, éprise de liberté et d'innovation, et le régulateur, gardien du bien-être collectif. Lorsque ces deux forces se rencontrent, elles peuvent créer une harmonie exquise ou une cacophonie discordante.

L'entreprise, dans sa quête de croissance, cherche souvent à repousser les limites, à explorer de nouveaux territoires. Elle est semblable à un danseur étoile, audacieux et inventif, toujours en quête de la prochaine grande pirouette. Mais cette soif d'innovation peut parfois la conduire vers des chemins périlleux, où le profit prime sur les principes. De l'autre côté, le régulateur, dans son rôle de gardien, vise à assurer l'équité, la sécurité et la protection du bien commun. Son objectif n'est pas d'entraver la danse, mais de veiller à ce que chacun puisse profiter de la musique sans risque. Il est le chorégraphe qui fixe les règles, garantissant que le spectacle reste beau, harmonieux et sûr pour tous.

Mais cette relation, loin d'être simple, est faite de nuances. Parfois, le régulateur peut être perçu comme trop restrictif, étouffant la créativité et l'innovation. À d'autres moments, c'est l'entreprise qui semble prendre le dessus, risquant de compromettre le bien-être général pour ses propres intérêts. Dans cette danse délicate, où chaque pas est scruté et chaque mouvement analysé, comment trouver l'équilibre ? Comment assurer que l'innovation prospère tout en protégeant les valeurs et les droits fondamentaux de la société ?

La clé pourrait bien résider dans le dialogue. Comme dans toute danse de couple, la communication est essentielle. Les entreprises doivent comprendre les préoccupations des régulateurs et reconnaître l'importance de préserver le bien commun. Inversement, les régulateurs doivent être ouverts à l'innovation, en reconnaissant les avantages qu'elle peut apporter à la société. Mais le dialogue ne suffit pas. Il doit être accompagné d'une volonté sincère de collaboration, d'un respect mutuel et d'une compréhension profonde des enjeux en présence. Car si l'un des partenaires domine la danse, la magie se dissipe, laissant place à la frustration et au mécontentement. Imaginez cette valse complexe, où chaque décision, chaque loi, chaque régulation est le fruit d'une danse délicate entre deux partenaires aux objectifs parfois divergents, mais toujours complémentaires. Et n'oublions jamais que, tout comme dans un bal masqué, sous les masques et les costumes, se cachent des êtres humains, avec leurs espoirs, leurs rêves et leurs préoccupations.

### *La régulation pour protéger ou pour étouffer ?*

Imaginez une forêt luxuriante. Au milieu, une rivière serpente avec élégance, nourrissant chaque arbre, chaque fleur, chaque créature. Les arbres grandissent, certains plus vite que d'autres, étendant leurs branches dans le ciel, assoiffés de lumière. Mais que se passerait-il si, tout à coup, de grandes barricades étaient érigées, limitant l'accès à cette eau vitale ? Certains arbres flétriraient, privés de ce précieux nectar, tandis que d'autres, déjà robustes, continueraient à prospérer. Telle est la question centrale de la régulation : est-elle là pour protéger ou pour étouffer ? D'un côté, les voix qui s'élèvent en faveur de la régulation soutiennent que sans ces barrières, cette forêt serait rapidement ravagée. Les arbres les plus forts prendraient tout, laissant derrière eux un paysage stérile, dépourvu de diversité et de vie. Les régulations, disent-ils, sont essentielles pour protéger les plus faibles, pour garantir que chacun ait une chance de croître et de s'épanouir. Mais d'un autre côté, il y a ceux qui voient les régulations comme les chaînes qui entravent la liberté et l'innovation. Pour eux, ces barrières ne font qu'empêcher la croissance naturelle, freinant les pionniers audacieux prêts à explorer de nouvelles terres. Dans leur vision, la régulation est une force étouffante qui empêche l'émergence de nouvelles idées et solutions.

Alors, qui a raison ?

Peut-être que la vérité se trouve quelque part au milieu. Tout comme cette forêt a besoin d'une certaine régulation pour garantir son équilibre, nos économies et nos sociétés ont besoin de règles pour assurer la justice et l'équité. Mais ces règles doivent être appliquées avec discernement, avec une compréhension profonde des écosystèmes qu'elles visent à protéger. Car il est facile d'oublier que, derrière chaque régulation, il y a des vies, des rêves, des aspirations. Chaque règle, chaque loi, a un impact direct sur la façon dont les gens vivent, travaillent et rêvent. Et trop souvent, dans le débat bruyant entre régulateurs et régulés, cette réalité humaine est perdue. Il est également essentiel de se rappeler que la régulation n'est pas une fin en soi. Elle est un outil, un moyen d'atteindre un objectif plus grand : une société plus juste, plus équitable, plus durable. Et comme tout outil, elle doit être utilisée avec sagesse, adaptée aux besoins changeants du monde dans lequel nous vivons.

Mais alors, comment trouver cet équilibre délicat ? Comment veiller à ce que la régulation protège sans étouffer ? Il n'y a pas de réponse simple. Mais peut-être que la première étape consiste à écouter. À écouter les voix de ceux qui sont touchés par ces règles, à comprendre leurs préoccupations, leurs espoirs, leurs peurs. À reconnaître que, au-delà des chiffres et des statistiques, il y a des histoires humaines, des vies qui sont façonnées par les décisions que nous prenons. Et peut-être que, dans cet acte d'écoute, nous trouverons la clé pour créer une régulation qui protège sans étouffer, qui nourrit sans noyer, qui guide sans entraver. Une régulation qui, comme cette rivière dans la forêt, apporte la vie et la croissance à tous, garantissant que chaque arbre, chaque fleur, chaque créature ait une chance de s'épanouir.

*La voix du peuple : l'impact des mouvements sociaux.*

Imaginez une grande place, autrefois silencieuse, maintenant bruyante d'une mélodie en constante évolution. Ce n'est pas la musique d'un orchestre ou la cadence d'une chanson populaire, mais la voix unie du peuple, une mélodie profonde, passionnée, née du désir de changement. Les mouvements sociaux, au fil des siècles, ont été cette voix, cette mélodie, influençant et façonnant souvent les politiques de régulation. Mais quelle place cette voix du peuple a-t-elle vraiment dans la danse complexe de la régulation ? Est-ce une simple distraction, un bourdonnement éphémère qui disparaît avec le temps, ou est-ce un acteur crucial dans le drame plus vaste de l'évolution sociale et économique ?

La toile de fond de notre histoire commence au sein des ruelles étroites et bruyantes des villes en ébullition, où le mécontentement des masses trouve une expression dans les protestations et les revendications. C'est ici que les mouvements sociaux prennent naissance, souvent en réponse à des inégalités flagrantes ou à des injustices perçues. Ils sont le reflet d'un désir profondément enraciné de rectification, d'équilibre et de justice. Parfois, ces mouvements sont déclenchés par des incidents tragiques, des catastrophes industrielles, des abus flagrants, des discriminations ouvertes. Dans d'autres cas, ils émergent lentement, alimentés par un mécontentement latent, un sentiment diffus que quelque chose ne va pas. Mais dans chaque cas, ces mouvements attirent l'attention sur des problèmes que la société, dans son ensemble, aurait peut-être négligés ou mis de côté.

Il est fascinant de voir comment ces mouvements sociaux, souvent commencés par quelques individus déterminés, peuvent grandir, s'amplifier et finalement influencer le discours public. Mais leur impact ne s'arrête pas là. Souvent, ils deviennent la force motrice derrière la pression pour de nouvelles régulations, pour de nouvelles lois qui reflètent les aspirations et les préoccupations du peuple. Mais comment ce processus se déroule-t-il exactement ? Comment une simple protestation dans une ruelle devient-elle une loi qui affecte des millions ? Peut-être que la clé réside dans l'humanité partagée. Les histoires racontées par les mouvements sociaux touchent une corde sensible, une émotion universelle que chacun de nous peut ressentir.

Elles deviennent alors l'écho de nos propres espoirs, peurs et aspirations. Et c'est cette connexion émotionnelle qui leur donne le pouvoir de mobiliser, d'influencer et, finalement, de provoquer le changement.

Mais, comme toute médaille, cette influence a deux faces. Si les mouvements sociaux peuvent catalyser le changement positif, ils peuvent également être cooptés, déformés ou même utilisés à des fins moins nobles. C'est un jeu délicat, où la voix du peuple doit être équilibrée avec la sagesse et le discernement. Néanmoins, il est indéniable que les mouvements sociaux ont joué un rôle crucial dans la formulation de nombreuses régulations qui façonnent nos vies aujourd'hui. Ils rappellent à ceux qui détiennent le pouvoir que, derrière chaque chiffre, chaque graphique, chaque loi, il y a des êtres humains avec des rêves, des désirs et des préoccupations. Et peut-être est-ce là la leçon la plus importante : que, dans le débat sur la régulation, la voix du peuple ne doit jamais être oubliée. Car c'est cette voix, cette mélodie profonde et passionnée, qui nous rappelle pourquoi nous faisons ce que nous faisons, pourquoi nous luttons, pourquoi nous rêvons. C'est la voix de l'humanité, toujours présente, toujours pertinente, toujours puissante. Et c'est cette voix qui, en fin de compte, façonne l'avenir.

# L'ère de la technologie

Il était une fois, dans un monde dominé par la puissance des muscles et des bêtes, une invention qui allait transformer la scène pour toujours : la machine à vapeur. Cette découverte a provoqué un bouleversement aussi monumental que si on avait donné des ailes à l'humanité. Désormais, les gens n'étaient plus limités par la force physique ou la distance. La machine à vapeur était la promesse d'un monde nouveau, d'un futur plus brillant. Mais cette histoire ne s'arrête pas là. Elle est le prélude d'une série de révolutions technologiques qui ont façonné notre monde moderne. Des rouages de la machine à vapeur, nous avons gravi les échelons pour atteindre les puces de silicium, ces merveilles microscopiques qui sont le cerveau de nos ordinateurs, smartphones et innombrables autres gadgets.

Imaginez le contraste. D'une machine rugissante, crachant de la fumée, capable de propulser des tonnes de métal et de marchandises, nous sommes passés à un fragment de cristal capable de traiter des milliards d'informations en un clin d'œil. Mais comment en sommes-nous arrivés là ? Peut-être que la réponse réside dans la curiosité innée de l'homme. Cette même curiosité qui l'a poussé à découvrir le feu, à naviguer sur les océans et à regarder les étoiles. La technologie est la manifestation tangible de cette soif de connaissance, de cette envie de repousser les frontières.

Mais ce voyage de la vapeur au silicium est parsemé de défis et de controverses. Si la machine à vapeur a libéré l'humanité de certaines de ses chaînes physiques, elle a également inauguré l'ère de la pollution industrielle. Les rivières ont été teintées de produits chimiques, les ciels sont devenus sombres à cause de la suie. De la même manière, le silicium, malgré ses merveilles, a apporté son lot de défis. Le monde hyper-connecté dans lequel nous vivons aujourd'hui, plein de merveilles numériques, est également le théâtre de nouvelles formes de dépendance, d'invasions de la vie privée et de risques pour la sécurité. Est-il ironique que chaque nouvelle étape de notre voyage technologique apporte à la fois des miracles et des maux ? Peut-être. Ou peut-être est-ce simplement le reflet de la nature dualiste de l'humanité elle-même.

Il y a quelque chose de poétique dans cette transition. Si la machine à vapeur symbolise la puissance brute, le silicium représente la finesse, l'intelligence. C'est une danse entre la force et la grâce, entre le tangible et l'intangible. Et il y a des leçons à tirer de cette évolution. Dans notre quête incessante de progrès, nous devons être conscients des conséquences imprévues. Nous devons réfléchir à deux fois avant de plonger tête baissée dans la nouvelle "grande chose". Et peut-être que, plus important encore, nous devons chérir et protéger notre capacité à rêver, à imaginer et à créer. Car, à la fin de la journée, que ce soit la vapeur ou le silicium, c'est cette capacité qui est le véritable moteur de notre voyage. C'est cette étincelle, cette flamme intérieure, qui nous pousse à aller de l'avant, à repousser les frontières, à chercher de nouveaux horizons.

Et qui sait ce que l'avenir nous réserve ? Qui sait quel sera le prochain grand saut technologique ? Mais une chose est sûre : tant que nous gardons notre curiosité et notre passion intactes, le voyage promet d'être extraordinaire. Alors, embarquons-nous ensemble dans cette aventure, de la vapeur au silicium, et au-delà.

Au cœur d'une forêt technologique en pleine croissance, l'entreprise numérique se dresse tel un géant, promettant de rendre nos vies plus simples, plus rapides, plus belles. Comme le mage qui promet à la fois le feu et la lumière, ces entreprises nous proposent des outils qui façonnent nos routines, nos relations et même nos rêves. Mais à quel prix ? Ces forges numériques sont-elles véritablement nos amies, ou cachent-elles derrière leur scintillement une menace sourde ? Racontez-moi un monde sans smartphones, sans réseaux sociaux, sans commerce en ligne. Difficile, n'est-ce pas ? Nous sommes entrés dans un âge où commander un repas, trouver l'amour ou démarrer une entreprise peut se faire avec quelques clics. C'est magique, n'est-ce pas ? Mais cette magie a une face cachée.

D'un côté, nous avons la merveilleuse histoire de l'accessibilité. Grâce à ces entreprises numériques, même le boulanger du coin peut maintenant toucher une clientèle mondiale, un musicien peut toucher des fans à l'autre bout du monde sans quitter sa chambre. Les barrières traditionnelles du commerce, de l'éducation et de l'information ont été démolies. Nous pouvons désormais nous connecter, apprendre et grandir à un rythme que nos ancêtres n'auraient jamais imaginé. Mais cette facilité et cette accessibilité ont un coût caché. Les entreprises numériques ont créé un environnement où notre attention est constamment sollicitée, où chaque clic, chaque vue, chaque "j'aime" est monétisé. Nous sommes devenus, à bien des égards, des produits. Nos données, nos habitudes, nos préférences sont scrutées, analysées et vendues au plus offrant. C'est le prix du "gratuit" dans le monde numérique.

Et que dire de la culture de l'instantanéité ? Dans un monde où tout est disponible sur demande, nous perdons lentement la patience, l'art de la réflexion profonde, la capacité à apprécier les petits moments. L'ironie est évidente : dans notre quête d'une vie simplifiée par la technologie, nous nous retrouvons souvent plus stressés, plus déconnectés et plus insatisfaits. Pourtant, il serait injuste de jeter la pierre uniquement sur ces entreprises. Car elles sont aussi le reflet de nos propres désirs, de notre propre soif de commodité et d'efficacité. Elles sont nées de notre désir d'innovation, de notre volonté de repousser les frontières. Peut-être est-ce un rappel que toute médaille a son revers, que tout progrès a son ombre.

Mais voilà la question clé : ces entreprises numériques sont-elles inévitablement une malédiction ? Ou existe-t-il un moyen de rééquilibrer la balance, de tirer le meilleur de ces outils sans sacrifier notre humanité ?

Je vous invite à imaginer un monde où les entreprises technologiques travaillent main dans la main avec leurs utilisateurs pour créer un écosystème équilibré. Un monde où la technologie renforce nos liens humains plutôt que de les affaiblir, où nous utilisons ces outils pour enrichir nos vies plutôt que de les dominer. L'entreprise numérique, comme tout dans ce monde, n'est ni noire ni blanche. C'est une palette de nuances, d'opportunités et de défis. C'est à nous de décider comment nous naviguons dans cette ère numérique, comment nous façonnons ces outils à notre avantage.

Après tout, ne sommes-nous pas les véritables maîtres de notre destin ? La technologie est notre création, et c'est à nous de décider comment elle façonne notre avenir. Embrassons donc ces défis avec curiosité, avec courage, avec espoir. Car dans cette danse délicate avec la technologie, c'est notre humanité qui est en jeu. Et c'est une danse que nous ne pouvons nous permettre de perdre.

*Les implications éthiques du monde numérique.*

Imaginez une ville futuriste, ses rues bondées de véhicules autonomes, ses habitants marchant, les yeux rivés sur des lunettes de réalité augmentée. Chaque sourire, chaque geste est enregistré, analysé, utilisé pour personnaliser l'expérience de chacun. Mais, au milieu de ce tableau futuriste, où se trouve l'éthique ? Dans ce monde numérique, avons-nous oublié ce qui fait de nous des êtres humains ? Dès que nous entrons dans le cyberespace, nous sommes confrontés à un dilemme moral. Chaque clic, chaque partage, chaque interaction est un choix. Et avec ces choix viennent des conséquences, parfois invisibles à l'œil nu.

Par exemple, l'acte apparemment anodin de partager une nouvelle peut propager de fausses informations, alimentant ainsi des théories du complot ou de la désinformation. Les filtres des réseaux sociaux nous enferment dans des bulles de confirmation, nous isolant des opinions divergentes et renforçant nos croyances préexistantes. Dans ce maelström d'information, comment discerner le vrai du faux ? Comment rester objectif dans un monde qui nous encourage à réagir de manière impulsive, à "aimer" ou à "détester" en un instant ? Ensuite, il y a la question des données. Dans ce monde numérique, nos informations sont la nouvelle monnaie. Nous les échangeons volontiers pour des services "gratuits". Mais sommes-nous réellement conscients de la valeur de ces données ? Savons-nous vraiment qui les utilise et dans quel but ? Il est facile de se sentir en sécurité derrière un écran, mais chaque jour, nous laissons derrière nous des empreintes digitales qui révèlent nos désirs les plus intimes, nos peurs, nos rêves. Sommes-nous prêts à sacrifier notre vie privée sur l'autel de la commodité ? Et puis, il y a l'intelligence artificielle, cette merveilleuse invention qui promet de révolutionner notre façon de vivre, de travailler, d'aimer. Mais avec son avènement viennent de nouvelles questions éthiques. Quelle est la responsabilité des créateurs d'une IA qui commet une erreur ? Comment garantir que ces machines prennent des décisions éthiques, surtout lorsqu'elles touchent à la vie humaine ?

Imaginez un robot médecin devant choisir entre sauver un enfant ou une personne âgée. Comment programme-t-on une telle décision ? Sur quels critères ? Et qui décide de ces critères ? Derrière chaque ligne de code, il y a un choix moral, un biais, une intention. Enfin, comment éviter la fracture numérique ? Dans un monde où l'accès à l'information, à l'éducation, aux opportunités dépend de plus en plus de la technologie, comment garantir que chacun, quelle que soit sa situation géographique ou économique, ait les mêmes chances ? N'est-il pas de notre responsabilité, en tant que société, de veiller à ce que la technologie soit un outil d'inclusion et non d'exclusion ?

Ce sont là quelques-unes des questions éthiques auxquelles nous sommes confrontés en cette ère numérique. Mais, au lieu de nous sentir accablés, voyons cela comme une opportunité. Une opportunité de redéfinir ce que signifie être humain à l'âge du numérique. Une chance de poser les bases d'un monde où la technologie est au service de l'humanité, et non l'inverse. Dans cette quête, nous ne sommes pas seuls. Partout dans le monde, des individus, des organisations, des entreprises travaillent à créer un cadre éthique pour le monde numérique. Des chartes de droits numériques sont en cours d'élaboration, des écoles enseignent la littératie numérique dès le plus jeune âge, et des entreprises s'engagent à respecter la vie privée de leurs utilisateurs. Au cœur de tous ces efforts se trouve une croyance commune : que la technologie, si elle est utilisée avec sagesse, avec intention, avec éthique, peut être une force pour le bien. C'est à nous de décider quel héritage nous voulons laisser à la prochaine génération. Dans ce grand récit de l'humanité et de la technologie, quel chapitre écrirons-nous ?

### L'avenir est-il vraiment technologique ?

Au coin d'une rue animée de New York, un vieux musicien joue de l'accordéon, ses notes flottant à travers l'air, rappelant une époque révolue. Un peu plus loin, une jeune fille fait tournoyer un cerceau, hypnotisant les passants. Là, dans cette juxtaposition délicieuse, se trouve la véritable question : le progrès technique, aussi irrésistible soit-il, est-il le seul avenir qui nous attend ? Ah, la technologie ! Elle a transformé nos vies de manière inimaginable. Elle nous a offert des merveilles, des connexions, des opportunités. Des mondes virtuels où nous pouvons être quiconque, où que nous soyons. Mais en chemin, avons-nous perdu quelque chose de précieux ? Notre essence humaine, peut-être ? La capacité de s'émerveiller du simple fait de respirer, d'écouter le chant des oiseaux, de toucher, de ressentir ?

Il y a quelque chose d'étrangement ironique dans le fait que, dans notre course à embrasser le futur, nous cherchions à recréer des expériences humaines basiques. Les VR (réalités virtuelles) pour "ressentir" des émotions, des robots pour combattre la solitude. Mais peut-on vraiment encapsuler l'essence de l'expérience humaine dans des codes et des circuits ? D'un autre côté, la technologie pourrait être le phare qui nous guide vers un avenir meilleur. Imaginez un monde où la faim, la maladie et la pauvreté sont éradiquées grâce à la technologie. Où chaque enfant, quelle que soit sa provenance, a accès à une éducation de qualité. Où notre planète est préservée et soignée grâce à des solutions technologiques. C'est tentant, n'est-ce pas ?

Mais alors, quel est l'avenir ? Est-ce un monde purement technologique, où nos sens sont amplifiés, nos vies prolongées et nos rêves réalisés par la magie des machines ? Ou est-ce un monde où la technologie et l'humanité coexistent, chacune enrichissant l'autre ? Peut-être que l'avenir n'est pas une question de "ou", mais de "et". Peut-être que l'avenir est à la fois technologique et humain. Un monde où la technologie nous aide à être plus humains, pas moins. Où elle nous donne les outils pour créer, pour rêver, pour aimer, mais c'est à nous de choisir comment les utiliser. Et si, au lieu de voir la technologie comme une fin en soi, nous la voyions comme un moyen ? Un moyen d'améliorer la vie, de résoudre les problèmes, de connecter les gens. Mais aussi un moyen d'apprendre, de grandir, de se découvrir.

L'avenir est incertain, c'est vrai. Mais une chose est sûre : notre capacité à choisir, à décider de notre propre destin. La technologie est un outil, et comme tout outil, elle peut être utilisée pour construire ou pour détruire. C'est à nous de choisir. Alors, lorsque que vous vous retrouvez à regarder votre téléphone, perdu dans le cyberespace, souvenez-vous du musicien et de la jeune fille avec son cerceau. Souvenez-vous que, quel que soit l'avenir que nous choisissons, il doit toujours y avoir une place pour l'émerveillement, la joie et l'amour. Car, après tout, c'est ce qui fait de nous des êtres humains.

Alors, l'avenir est-il vraiment technologique ? Peut-être. Mais il est aussi humain. Et c'est cette combinaison de technologie et d'humanité qui crée un avenir vraiment passionnant. Un avenir où nous ne sommes pas esclaves de la technologie, mais où nous l'utilisons pour créer un monde meilleur pour tous.

# Travail, précarité et prospérité

Assis dans un café, Édouard scrutait son ordinateur, le visage éclairé par la douce lumière bleutée. Depuis quelques jours, les mots "licenciement" et "restructuration" tournoyaient dans son esprit comme des lucioles obstinées. Jeune, on lui avait toujours dit : "Trouve-toi un bon travail stable, et tout ira bien". Mais était-ce vraiment le cas ? L'air du temps avait toujours porté cette promesse alléchante : une éducation solide conduirait à un emploi stable, qui à son tour garantirait une vie paisible. Mais les bruissements du monde actuel chuchotaient une autre mélodie. La sécurité de l'emploi, autrefois considérée comme le Saint Graal, était-elle devenue une chimère ?

Il fut un temps où nos grands-parents travaillaient toute leur vie pour la même entreprise, récoltant fidélité, respect et, finalement, une montre en or à la retraite. Ces jours semblent lointains. L'avènement rapide des technologies, la mondialisation et une concurrence accrue ont bouleversé la donne. Les entreprises, en quête perpétuelle d'efficacité et de rentabilité, naviguent dans des eaux tumultueuses, parfois au détriment de leurs employés. Et si, dans cette quête de sécurité, nous nous étions tous un peu perdus ? En s'accrochant désespérément à l'idée d'un emploi "sûr", n'avons-nous pas négligé d'autres opportunités, plus risquées, mais peut-être plus enrichissantes ?

Prenons l'exemple de Marguerite, une artiste-peintre talentueuse qui a choisi de suivre sa passion plutôt que la voie "sécurisée" de la comptabilité. Son parcours n'a pas été sans embûches, certes. Mais chaque coup dur a forgé son caractère, aiguillonné sa créativité. Aujourd'hui, ses toiles sont exposées dans des galeries du monde entier. Le risque avait payé. Ce qui mène à se poser une question provocatrice : la sécurité de l'emploi, est-elle vraiment synonyme de bonheur et d'épanouissement ? Ou nous bride-t-elle, nous incitant à rester dans notre zone de confort, à ignorer l'appel du large ?

Ce n'est pas une invitation à renoncer à la stabilité. Loin de là. Mais peut-être une incitation à repenser ce que signifie vraiment la "sécurité". Dans un monde en constante évolution, se pourrait-il que la véritable sécurité réside dans notre capacité à nous adapter, à apprendre et à grandir ? L'économie d'aujourd'hui valorise de plus en plus les compétences, l'agilité, la créativité et l'esprit d'entreprise. Les "slashers", ces personnes qui cumulent plusieurs métiers, sont un exemple parfait de cette nouvelle dynamique. Ils démontrent que la diversité des expériences peut conduire à une vie professionnelle riche et variée. La polyvalence devient une armure, une sorte de sécurité en soi.

Pour conclure, dans ce doux ballet entre sécurité et incertitude, où devrions-nous poser notre regard ? Édouard, face à son ordinateur, a peut-être une partie de la réponse. Plutôt que de rechercher désespérément un havre qui pourrait ne pas exister, pourquoi ne pas se préparer à danser avec l'incertitude, à embrasser le changement, à devenir les maîtres de notre propre destin ? Après tout, la véritable sécurité pourrait bien résider non pas dans la nature de l'emploi que nous occupons, mais dans la manière dont nous abordons notre vie professionnelle. Avec passion, curiosité et un désir incessant d'apprendre et de grandir. Après tout, ne serait-ce pas là la plus belle des aventures ?

### *Flexibilité vs. Précarité : La nouvelle donne*

Lila, artiste du cirque moderne, passait sa vie à sauter d'une ville à l'autre, jouant avec les lois de la gravité. La flexibilité, c'était son credo, son art. Pourtant, elle se retrouvait souvent à réfléchir : est-ce que cette même flexibilité, chantée dans le monde du travail, avait le même charme ? D'une part, il y avait cette flexibilité tant vantée, celle qui permettait de travailler de n'importe où, n'importe quand, d'équilibrer vie professionnelle et vie personnelle, de suivre des passions tout en payant ses factures. Puis, il y avait la précarité, le sentiment persistant de marcher sur un fil sans filet de sécurité en dessous.

Imaginez un marché du travail ressemblant à un immense bazar coloré, bruissant d'opportunités. D'un côté, des stands chatoyants offrent des contrats courts, des missions freelance, des projets passionnants qui ne durent que quelques semaines. De l'autre, des boutiques plus traditionnelles proposent des emplois à long terme, mais avec des horaires plus stricts et peut-être moins d'opportunités de croissance. Pour certains, la flexibilité est synonyme de liberté. Elle offre la chance de se façonner une carrière sur mesure, d'explorer, de jongler entre différents projets. Comme Lucien, ce développeur qui travaille depuis un café au bord de la mer en Grèce le matin, et consacre ses après-midis à la plongée. Ou encore Amélie, consultante en stratégie le jour, professeure de yoga le soir.

Mais, et c'est là que l'histoire se corse, cette même flexibilité peut parfois se transformer en une bête à deux têtes. Car si elle offre une grande liberté de mouvement, elle peut aussi apporter son lot d'incertitudes. Comment planifier son avenir sans garantie de revenus stables ? Comment envisager l'achat d'une maison ou fonder une famille quand le sol semble constamment se dérober sous ses pieds ? C'est le dilemme de notre époque : comment distinguer la flexibilité, véritable bénédiction, de la précarité, qui peut s'apparenter à une malédiction ?

Et que dire de notre relation avec le travail en lui-même ? Jadis, un travail était souvent perçu comme une vocation, une partie intégrante de l'identité. Mais dans ce nouveau monde, le travail peut parfois ressembler à une série d'aventures éphémères, sans véritable attachement ni ancrage. Peut-on alors trouver un juste milieu ? Une façon de profiter des avantages de la flexibilité tout en évitant les pièges de la précarité ? Peut-être est-ce là où la magie opère. Dans notre capacité à réinventer, à créer un marché du travail où la flexibilité rime avec sécurité. Où les entreprises, reconnaissant la valeur de cette nouvelle main-d'œuvre, offriraient des avantages et des protections adaptés. Où la société, reconnaissant la valeur du travail flexible, adapterait ses structures et ses normes pour soutenir et protéger ces travailleurs.

Alors, où se situe la limite entre cette flexibilité rêvée et la précarité redoutée ? Peut-être n'y a-t-il pas de réponse unique, car chaque histoire est différente. Mais une chose est sûre : dans cette danse délicate entre flexibilité et précarité, il appartient à chacun de nous de trouver son propre rythme, sa propre mélodie. Et si la vraie question n'était pas de choisir entre flexibilité et précarité, mais de comprendre comment intégrer le meilleur des deux mondes ? Car, après tout, même Lila, avec ses prouesses aériennes, sait qu'une performance réussie nécessite à la fois souplesse et stabilité. Peut-être que la clé réside dans notre capacité à trouver cet équilibre, à jongler habilement entre liberté et sécurité, tout en restant fidèles à nous-mêmes et à nos rêves.

*Le coût humain : stress, santé mentale et burnout*

Imaginez un musicien jouant une mélodie envoûtante sur un violon, tirant de chaque corde des sons d'une douceur et d'une émotion inégalées. Mais, au fil des heures, il pousse son instrument à bout, exigeant de lui des performances toujours plus poussées, jusqu'à ce qu'une corde cède, mettant fin à la symphonie. Le monde du travail moderne ressemble parfois à cette mélodie : magnifique dans ses aspirations, mais souvent poussé à l'extrême au détriment de l'humain. Le travail, autrefois sanctuaire de stabilité, est devenu pour certains un labyrinthe inextricable de pressions et d'attentes. Les progrès technologiques, tout en apportant flexibilité et connectivité, ont aussi flouté la frontière entre le bureau et la maison. Où s'arrête le travail ? Où commence la vie personnelle ? Pour certains, la balance penche dangereusement du côté du travail, au point où le bruit des notifications commence à ressembler à un carillon sans fin.

Clara était une avocate brillante, vivant dans un tourbillon constant de dossiers et de réunions. Elle était l'incarnation de la réussite professionnelle. Pourtant, derrière cette façade se cachait une réalité plus sombre. Les nuits blanches, les week-ends sacrifiés, les moments en famille ratés. Le poids de l'épuisement l'a rattrapée, la poussant à bout jusqu'à l'inévitable : le burnout. Une mélodie brisée en plein vol. Qu'est-ce que le burnout, sinon le cri silencieux de l'âme, appelant à l'aide face à un système qui semble avoir oublié sa valeur humaine ? Stress, anxiété, épuisement, ces mots, autrefois réservés aux chapitres sombres des livres de médecine, sont devenus, pour certains, le quotidien.

La santé mentale, cette partie fragile et précieuse de notre être, est souvent la première à payer le prix de ce rythme effréné. Des esprits brillants, des talents inestimables, des cœurs passionnés, tous victimes de cet engrenage qui exige toujours plus, toujours plus vite. Alors, comment en est-on arrivé là ? Est-ce la faute de la technologie ? Des entreprises ? Ou est-ce le reflet d'une société qui valorise la performance à tout prix, au détriment du bien-être individuel ? C'est l'histoire de Marc, qui, en dépit de ses réussites, se sent prisonnier d'une cage dorée, où chaque réussite n'est qu'un pas de plus vers un abîme invisible. Ou d'Alice, qui jongle entre plusieurs emplois précaires, courant sans cesse après une stabilité insaisissable, jusqu'à ce que son esprit crie grâce. Peut-on alors ignorer le coût humain de cette quête effrénée de productivité et de prospérité ? Comment se reconnecter à l'essentiel, à cette humanité qui bat en chacun de nous, sans pour autant renoncer à nos ambitions ?

Peut-être est-il temps de repenser notre relation au travail, d'oser questionner nos priorités et nos choix. De reconnaître que derrière chaque employé, chaque entrepreneur, chaque artiste, il y a une âme, une histoire, des rêves et des peurs. Car, après tout, le travail ne devrait-il pas être une source d'épanouissement, un moyen d'exprimer nos talents, de contribuer à un monde meilleur, sans sacrifier notre santé mentale ? Face à ces enjeux, certains acteurs, conscients de l'urgence, ont commencé à initier un changement. Des entreprises qui mettent en place des programmes de bien-être, des initiatives visant à mieux équilibrer travail et vie personnelle, des campagnes de sensibilisation sur la santé mentale. Mais le chemin est encore long, semé d'obstacles et de défis.

Le travail, cette mélodie qui accompagne nos vies, ne devrait-il pas être harmonieux, équilibré, respectueux de chaque note, chaque corde, chaque individu ? Car, comme le musicien et son violon, nous sommes tous à la recherche de cette symphonie parfaite, où passion, ambition et bien-être cohabitent en parfaite harmonie. Est-il possible de repenser entièrement notre façon de travailler ? D'intégrer des valeurs d'humanité, de respect et d'épanouissement dans un monde souvent régi par les chiffres et les délais ? Imaginez un monde où le travail ne serait pas une contrainte, mais une passion. Où chaque individu serait reconnu pour ses talents uniques, et non pour le nombre d'heures passées derrière un bureau. Où les entreprises seraient des communautés vivantes, vibrantes de créativité et d'innovation, où le bien-être des employés serait au cœur des préoccupations.

Cela semble utopique, n'est-ce pas ? Pourtant, des voix s'élèvent, portant des visions alternatives du travail. Des entreprises pionnières, des leaders visionnaires, des travailleurs engagés, tous en quête d'un nouveau paradigme. L'une des clés pourrait résider dans la notion de "travail avec sens". L'idée que notre travail ne doit pas seulement être un moyen de subsistance, mais aussi une manière de donner un sens à notre vie, de contribuer à un projet plus grand que nous-mêmes. Qu'il s'agisse d'innovations écologiques, de projets sociaux ou de créations artistiques, la quête de sens est devenue pour beaucoup une priorité.

Mais comment intégrer cette quête de sens dans le monde du travail ? Comment bâtir des entreprises où chaque employé se sente valorisé, écouté, impliqué ? Où les hiérarchies rigides laissent place à des structures plus flexibles, favorisant la collaboration et l'innovation ? Il est peut-être temps de remettre en question certaines de nos croyances les plus profondes sur le travail. De reconnaître que la flexibilité, le télétravail, la formation continue ou les horaires aménagés ne sont pas des "avantages", mais des éléments essentiels pour attirer et retenir les talents, pour favoriser l'épanouissement et la créativité.

Prenons l'exemple de Lucas, un jeune développeur qui, au lieu de rejoindre une grande entreprise, a choisi de travailler dans une start-up axée sur le développement durable. Pour lui, le choix était clair : il voulait contribuer à un projet ayant un impact positif sur la société, tout en ayant la liberté de travailler à son rythme, selon ses propres termes. Ou encore Léa, une mère de deux enfants, qui a quitté son poste de cadre dans une multinationale pour créer sa propre entreprise, offrant des solutions flexibles pour les parents qui travaillent. Pour elle, le succès ne se mesure pas en chiffres, mais en vies transformées, en familles épanouies.

Alors, peut-on vraiment réinventer le monde du travail ? Peut-être pas du jour au lendemain. Mais chaque initiative, chaque visionnaire, chaque travailleur engagé est une étincelle, un pas vers ce nouveau paradigme. Car, au fond, le travail est une partie intégrante de notre humanité. C'est à travers lui que nous exprimons nos talents, nos passions, notre désir de contribuer au monde. Et si nous repensions le travail non comme une contrainte, mais comme une opportunité ? Une chance de construire ensemble un monde plus juste, plus équilibré, plus épanouissant.

La question n'est peut-être pas de savoir si nous pouvons réinventer le monde du travail, mais plutôt comment nous pouvons le faire, ensemble. Car, comme le disait si bien Antoine de Saint-Exupéry : "Si tu veux construire un bateau, ne rassemble pas des hommes pour aller chercher du bois, des outils, des cordages... Enseigne-leur la nostalgie de la mer". Et si cette mer, c'était un monde du travail repensé, où chacun trouverait sa place, sa voie, son épanouissement ?

# Entreprises sociales :
# Le meilleur des deux mondes

Sous la pluie battante de novembre, Martin marchait le long des quais de la Seine, absorbé par la mélodie des gouttes frappant le pavé. À chaque éclat humide, il entendait l'écho d'une question lancinante : Peut-on combiner business et bien-être collectif ? La Seine, avec ses reflets miroitants, lui soufflait la réponse : les eaux se mêlent, fusionnent et nourrissent. Pourquoi pas les idées ? Imaginez un endroit où le souci du profit ne serait pas l'unique boussole, mais où les valeurs humaines, le bien-être de la communauté et la préservation de la planète joueraient le premier rôle. Non, ce n'est pas le scénario d'une utopie cinématographique, mais bel et bien le cœur battant de l'entrepreneuriat social.

Qu'est-ce qui pousse un homme ou une femme d'affaires à délaisser la quête du profit pour se lancer corps et âme dans une aventure où le bien collectif prime ? Serait-ce la nostalgie de cette époque où les marchands étaient aussi des bienfaiteurs, où le commerce rime avec conscience ? Ou est-ce cette étincelle, cette envie de redonner du sens, d'apporter sa pierre à l'édifice d'un monde plus juste ? Il y a dans l'air quelque chose de révolutionnaire. Une brise qui transporte avec elle l'espoir de voir les entreprises contribuer au bien commun. Les entrepreneurs sociaux sont ces alchimistes modernes qui transforment le plomb des affaires en or pour la société. Ils brouillent les frontières entre le monde lucratif et non lucratif, montrant qu'il est possible de combiner le meilleur des deux mondes.

Ah, je vous vois venir avec vos airs dubitatifs ! "Encore une mode, un effet de buzz", pourriez-vous penser. Mais permettez-moi de vous emmener dans le tourbillon d'une histoire, celle de Maya. Originaire d'un petit village d'Asie, elle a vu sa communauté dévastée par une catastrophe naturelle. Au lieu de se laisser abattre, elle a vu là une opportunité. Avec quelques amis, elle a créé une entreprise qui transforme les déchets en produits utiles, générant des profits tout en offrant des emplois à ceux qui en avaient désespérément besoin. Elle n'a pas juste créé une entreprise, elle a redonné espoir à une communauté entière.

Alors, qu'est-ce qui fait battre le cœur de ces entrepreneurs ? Pourquoi se lancent-ils dans cette danse audacieuse entre impact social et rentabilité ? Peut-être parce qu'ils voient plus loin que les chiffres. Ils voient les visages, les espoirs, les rêves. Ils savent que chaque produit vendu, chaque service rendu, c'est une vie qui change. Mais attention ! Si l'idée de marier entreprise et bien social vous séduit, ne vous lancez pas tête baissée. L'entrepreneuriat social, aussi noble soit-il, est semé d'embûches. Combien se sont perdus dans cette quête, tiraillés entre le désir de faire le bien et la nécessité de rendre leur entreprise viable ? Alors, oui, le chemin est sinueux, mais les étoiles qui brillent au-dessus de ces entreprises sont d'une luminosité à nulle autre pareille. Car derrière chaque produit, chaque service, il y a une histoire, une vie transformée.

Laissez-moi vous poser une question : et si, au lieu de choisir entre profit et impact, nous réinventions les règles du jeu ? Si, comme Martin marchant sous la pluie, nous écoutions les murmures du monde et faisions le choix audacieux de mêler affaires et bien commun ? Le voyage ne serait-il pas plus palpitant, plus riche, plus lumineux ?

## *Des histoires inspirantes de changement*

Imaginez un instant le souffle chaud du vent africain sur votre visage, le crépitement d'un feu de bois et les éclats de rire d'enfants jouant à la lueur des étoiles. C'est dans ce décor que notre histoire commence, celle de Kofi, un homme dont la vision a transformé une communauté. Kofi vivait dans un village où l'accès à l'eau potable était un luxe. Chaque matin, les femmes et les enfants marchaient des heures pour remplir leurs récipients d'une eau souvent insalubre. Un jour, alors qu'il observait une petite fille trébucher et renverser toute son eau après une marche épuisante, une idée a germé dans l'esprit de Kofi. Et si on pouvait créer une entreprise qui fournirait de l'eau propre et accessible à tout le village tout en générant des emplois ? Avec un groupe d'amis et un prêt modeste, Kofi a lancé "AquaVie", une entreprise sociale qui utilisait des technologies simples et durables pour purifier et distribuer de l'eau à un prix abordable. Mais AquaVie ne s'est pas arrêtée là. L'entreprise a également formé des jeunes du village à la maintenance des équipements, créant ainsi une source d'emploi stable et pérenne.

Passons maintenant de l'Afrique à l'Amérique du Sud, où Lucia, une femme déterminée, a décidé de lutter contre la déforestation en Amazonie. Témoin de la disparition progressive de la forêt tropicale, elle a compris que la solution ne résidait pas dans la simple condamnation de la déforestation, mais dans la création d'une alternative économiquement viable pour les communautés locales. Lucia a fondé "VerdeEco", une entreprise qui transforme les fruits et les graines de la forêt en produits de beauté naturels et éthiques. En proposant une source de revenus respectueuse de l'environnement, elle a non seulement aidé à préserver la forêt, mais a également redonné une fierté et un sens du but à toute une communauté.

Mais l'entrepreneuriat social n'est pas l'apanage des régions éloignées ou défavorisées. En Europe, Sophie, une ancienne avocate, a été témoin de la précarité croissante de nombreuses personnes. Plutôt que de rester les bras croisés, elle a créé "Nourrir la Ville", une entreprise qui transforme les toits des immeubles en jardins urbains, offrant à la fois des aliments frais à la communauté et des emplois à ceux qui en ont le plus besoin.

Chacune de ces histoires est un témoignage vibrant de ce que l'humain peut accomplir lorsqu'il unit passion, détermination et créativité. Kofi, Lucia, Sophie ne sont que quelques-uns des nombreux entrepreneurs sociaux qui, chaque jour, repoussent les limites de ce qui semble possible, fusionnant le monde des affaires avec le désir profond de créer un impact positif. Alors que ces étoiles scintillent dans le firmament de l'entrepreneuriat social, une question brûlante nous vient à l'esprit : si ces individus peuvent initier un tel changement, qu'en est-il de nous ? Sommes-nous prêts à suivre leur exemple, à emprunter ces sentiers moins battus et à devenir les héros de notre propre saga ?

Là où certains voient des problèmes, ces entrepreneurs voient des opportunités. Là où d'autres baissent les bras, ils roulent leurs manches. Ils nous rappellent que chaque obstacle est une invitation à innover, à rêver plus grand. Et si, finalement, l'histoire la plus inspirante était la vôtre ? Celle que vous êtes sur le point d'écrire, animé par cette flamme, cet insatiable désir de faire une différence, de laisser une empreinte indélébile sur le monde.

## La viabilité des entreprises sociales

Au cœur d'une ruelle animée de Mumbai, Ravi se tenait derrière son petit étal, vendant des lunettes de lecture à des prix abordables. Autrefois informaticien prospère, il avait tout abandonné pour créer une entreprise qui offre une vision claire aux habitants défavorisés de la ville. Ses lunettes, simples mais fonctionnelles, sont devenues le pont qui relie les ambitions de ceux qui les portent à la réalité. Mais un jour, un touriste sceptique lui a posé une question qui l'a fait réfléchir : "Votre idée est noble, mais est-ce vraiment viable à long terme ?" Le sous-texte était clair : dans un monde où le profit dicte les règles du jeu, une entreprise sociale peut-elle vraiment tenir la distance ?

Eh bien, plongeons-nous dans cette énigme. Les entreprises sociales, dans leur essence, fusionnent le cœur d'une organisation à but non lucratif avec le cerveau d'une entreprise traditionnelle. Elles cherchent à équilibrer la rentabilité économique avec l'impact social. Mais est-ce un équilibre précaire ou la recette d'un succès durable ? Imaginez un instant une balance. D'un côté, vous avez les coûts : matériaux, main-d'œuvre, marketing. De l'autre, les revenus provenant des ventes de produits ou de services. Pour qu'une entreprise soit viable, les revenus doivent, à tout le moins, égaler les coûts. C'est la base de tout modèle économique. Mais pour une entreprise sociale, il y a un élément supplémentaire en jeu : l'impact. Chaque décision doit être prise en tenant compte non seulement de la rentabilité, mais aussi de l'effet qu'elle aura sur la communauté.

Prenons l'exemple d'Amara, une entreprise sociale qui produit des chaussures à partir de matériaux recyclés. Si Amara décide de s'approvisionner en matériaux plus écologiques mais légèrement plus chers, elle pourrait voir sa marge bénéficiaire diminuer. Mais en même temps, elle renforcerait son impact environnemental. C'est un jeu d'équilibre constant entre profit et but.

Il serait facile de conclure que cette dualité est un handicap. Mais est-ce vraiment le cas ? Les entreprises sociales ont un atout unique : leur mission. Cette mission attire des clients fidèles, des investisseurs socialement responsables et des employés passionnés. C'est cette mission qui peut transformer un défi en une opportunité.

Revenons à Ravi et à ses lunettes. Pour chaque paire vendue, il reversait une petite somme pour financer des programmes éducatifs dans les bidonvilles. Non seulement cela a renforcé sa marque, mais cela a aussi créé une communauté de clients qui étaient plus que de simples acheteurs, ils étaient des partenaires dans sa mission.

Cependant, il serait naïf de penser que la route de l'entrepreneuriat social est sans embûches. Comme toute entreprise, elles sont confrontées à des défis de trésorerie, à des marchés en constante évolution et à une concurrence féroce. Mais elles ont aussi une boussole morale qui guide chaque décision qu'elles prennent. Alors, qu'en est-il de la viabilité ? Peut-on mélanger affaires et bien-être social sans compromettre l'un ou l'autre ? La réponse est un écho retentissant du souffle des entrepreneurs sociaux du monde entier : oui, c'est possible. Mais cela nécessite de la créativité, de la passion et une vision claire.

L'histoire de Ravi est un exemple parmi d'innombrables autres qui prouvent que lorsque le cœur et l'esprit travaillent ensemble, les possibilités sont infinies. Et peut-être qu'un jour, dans un monde où chaque entreprise cherchera à avoir un impact, la question ne sera plus de savoir si les entreprises sociales sont viables, mais comment nous avons pu penser qu'elles ne l'étaient pas.

## *La route vers un monde plus juste*

Dans les méandres des rues de Medellin, une scène frappante émerge. Des enfants, autrefois déplacés par des conflits, peignent maintenant des murs avec des couleurs vives, transformant un quartier autrefois délabré en une toile vivante. Au cœur de cette transformation se trouve "Colores de Esperanza" (Couleurs d'Espoir), une entreprise sociale dédiée à la guérison par l'art. Ces murs, autrefois gris, sont devenus le symbole d'une résilience renouvelée, d'un monde qui se dirige, malgré les obstacles, vers une équité. Est-ce une utopie de penser que l'entreprise puisse être le catalyseur d'une justice plus profonde ? Ou sommes-nous sur le point de tisser un nouveau récit où la profitabilité rencontre la compassion ?

Imaginez, si vous voulez, une forêt. Chaque arbre, grand et majestueux, représente une entreprise traditionnelle, cherchant la lumière du profit. Mais entre ces géants, il y a de petites pousses, des plantes qui cherchent une autre forme de lumière : l'impact. Elles sont les entreprises sociales, et bien qu'elles puissent sembler petites comparées aux arbres, leur impact est profond.

Ainsi commence notre voyage sur cette route sinueuse vers un monde plus juste.

Au-delà de l'économie, ces entreprises sont les protagonistes d'un mouvement global qui repense la manière dont nous faisons des affaires. Mais comment peut-on mesurer le succès de cette route ? Est-ce par le nombre d'enfants éduqués, de forêts replantées, ou de vies transformées ? Ou est-ce, peut-être, quelque chose d'encore plus profond ?

Clara, fondatrice de "Colores de Esperanza", m'a un jour confié lors d'une tasse de café : "Chaque mur que nous peignons, chaque enfant que nous enseignons, c'est un pas vers un monde où la justice n'est pas une exception, mais la norme." Ses paroles résonnent comme une mélodie qui donne le ton de notre voyage.

Mais cette route est semée d'embûches. Car comment concilier profit et impact social sans perdre son âme en chemin ? Et si, au lieu de considérer ces défis comme des obstacles, nous les voyions comme des invitations à innover ? Peut-être que la clé réside dans notre capacité à écouter. À écouter les histoires de ceux que nous servons, à comprendre leurs rêves et leurs aspirations. C'est en écoutant qu'une entreprise sociale au Kenya a découvert qu'au-delà de l'accès à l'eau potable, les femmes voulaient aussi du temps. Du temps pour rêver, apprendre, et créer. En réponse, cette entreprise n'a pas seulement fourni de l'eau, mais a aussi introduit des technologies qui ont réduit le temps passé à chercher de l'eau. Ce sont ces nuances, ces détails qui font toute la différence. Et peut-être que la route vers un monde plus juste est pavée de ces moments d'écoute, de ces étincelles d'innovation qui illuminent notre chemin.

Mais, et si nous faisions fausse route ? Et si, dans notre quête d'un monde plus juste, nous oublions l'essentiel : notre humanité commune ? Peut-être que le vrai défi n'est pas tant de construire des entreprises prospères que de construire des ponts entre nous. Des ponts de compréhension, d'empathie, et d'amour.

Alors que le soleil se couchait sur Medellin, j'ai regardé ces enfants, armés de pinceaux et de couleurs, combattant l'injustice non pas avec des armes, mais avec l'art. Et j'ai réalisé que la route vers un monde plus juste n'était pas une destination, mais un voyage. Un voyage de découverte, d'innovation, et surtout, d'espoir. En fin de compte, peut-être que notre plus grande réalisation ne sera pas les entreprises que nous construirons, mais les liens que nous tisserons. Et dans ce tissu complexe et coloré, nous trouverons un monde non seulement plus juste, mais aussi plus humain.

# Le défi de l'éthique des affaires

D ans les ruelles brumeuses de Londres, au 19ème siècle, les machines à vapeur crachaient des nuages de fumée, tandis que les travailleurs, y compris de jeunes enfants, s'épuisaient dans des conditions épouvantables. Le monde des affaires semblait être un monstre insatiable, avide de profit à tout prix. Mais au milieu de cette industrialisation fulgurante, une graine d'éthique commençait à germer. Imaginez un miroir, qui reflète non seulement notre visage, mais aussi la nature de notre âme. L'éthique des affaires, c'est ce miroir. Il nous rappelle que, derrière chaque décision, derrière chaque transaction, il y a une histoire humaine. C'est en observant les horreurs de l'exploitation industrielle que des voix se sont élevées, appelant à une conscience plus profonde dans le monde des affaires. L'éthique des affaires n'est pas née d'une théorie ou d'un manuel, mais du cri du cœur de ceux qui ont vu et vécu les conséquences dévastatrices de la négligence et de la cupidité.

Mais comment une telle transformation a-t-elle commencé ? Il faut peut-être remercier ces pionniers audacieux qui ont osé défier le statu quo. Des individus comme Robert Owen, industriel britannique, qui a cherché à créer des conditions de travail plus humaines pour ses employés, ou Eglantyne Jebb, fondatrice de Save the Children, qui a souligné l'importance des droits des enfants. Ces visionnaires ont jeté les bases d'un mouvement qui remettrait en question le rôle et la responsabilité des entreprises dans la société.

Mais l'ascension de l'éthique des affaires n'a pas été un chemin tout tracé. Elle a nécessité un changement profond dans la façon dont nous percevons la réussite. Le profit est-il vraiment le seul baromètre de succès ? Ou y a-t-il une mesure plus profonde, une boussole interne qui guide les entreprises vers une voie plus éthique ?

Prenons, par exemple, l'histoire de Sara, une entrepreneure passionnée de café. Elle aurait pu suivre la voie traditionnelle, maximisant les profits en réduisant les coûts. Mais quelque chose dans son cœur lui disait qu'il y avait une autre façon. En voyageant à travers l'Amérique du Sud, elle a rencontré des producteurs de café qui lui ont raconté leur histoire, leurs rêves, leurs luttes. Touchée par leurs récits, Sara a décidé d'adopter une approche éthique pour son entreprise, en veillant à ce que chaque grain de café soit le fruit d'un commerce équitable. Aujourd'hui, son café n'est pas seulement délicieux, il raconte une histoire d'éthique et de respect mutuel.

Cette ascension de l'éthique des affaires ne concerne pas seulement les grands mouvements ou les personnalités emblématiques. Elle réside dans les petits gestes, dans les choix quotidiens des entrepreneurs, des managers, des employés. C'est un voyage intérieur, un dialogue constant entre ce qui est et ce qui pourrait être. Mais alors, pourquoi maintenant ? Pourquoi, dans notre époque moderne, l'éthique des affaires semble-t-elle être plus pertinente que jamais ? Peut-être parce que nous sommes de plus en plus connectés, conscients des impacts de nos actions sur les autres et sur notre planète. Peut-être parce que, dans un monde saturé d'informations, l'authenticité et l'intégrité sont devenues des valeurs rares et précieuses.

L'ascension de l'éthique des affaires est un rappel puissant que le monde des affaires n'est pas une entité isolée, mais fait partie intégrante de notre tissu social. Elle nous invite à voir au-delà des chiffres, à reconnaître l'âme derrière la stratégie, la passion derrière le profit. Et peut-être, en embrassant pleinement cette éthique, nous pouvons créer un monde où les affaires ne sont pas seulement une force économique, mais aussi une force pour le bien. Un monde où chaque entreprise, grande ou petite, est un reflet vibrant de nos valeurs et de nos espoirs les plus chers. Mais dans un monde d'affaires toujours en ébullition, certains la voient comme un ornement, un joli supplément. Pourtant, d'autres soutiennent qu'elle est le cœur même de toute entreprise véritablement réussie. Alors, entre les murmures du scepticisme et les cris d'indignation, une question persiste : l'éthique est-elle un luxe ou une nécessité impérieuse ?

Laissez-moi vous conter l'histoire d'Armand, un brillant entrepreneur. Avec ses costumes impeccables et ses chaussures toujours brillantes, il avait tout pour plaire. Il a gravi les échelons du monde des affaires avec une facilité déconcertante. Toutefois, Armand avait un secret : il coupait souvent les coins ronds, privilégiant les gains rapides au détriment de l'intégrité. Il se disait que l'éthique était le souci des idéalistes, une distraction pour ceux qui n'avaient pas le ventre pour les vraies affaires. Mais un jour, tout a changé. Une de ses décisions hâtives a mené à un scandale, détruisant la réputation qu'il avait mis des années à construire. Les clients se sont détournés, les investisseurs ont retiré leur soutien, et Armand s'est retrouvé à contempler les décombres de son empire. Dans sa chute, il s'est rendu compte qu'il avait peut-être payé le prix fort pour avoir considéré l'éthique comme un simple luxe.

À l'autre bout du spectre, il y a Isabelle, une jeune chef d'entreprise dont l'éthique est le pilier central. Pour elle, chaque décision, chaque partenariat, chaque produit est le reflet de valeurs profondes. Isabelle a souvent été critiquée pour ses choix "idéalistes", mais elle a persévéré. Et avec le temps, son entreprise est devenue non seulement prospère, mais aussi respectée pour son intégrité. Pour Isabelle, l'éthique n'était pas une option, mais la clé même de sa réussite.

Ces deux histoires nous révèlent une vérité fondamentale. Oui, on peut réussir en négligeant l'éthique, mais à quel prix ? Et pour combien de temps ? En revanche, une entreprise ancrée dans des valeurs solides est non seulement résiliente, mais aussi capable d'inspirer confiance et loyauté.

Mais soyons réalistes. L'éthique est-elle vraiment viable dans un monde où la concurrence est féroce et où la quête du profit règne en maître ? Peut-on vraiment équilibrer la balance entre les impératifs économiques et les principes éthiques ? Pour répondre à cela, imaginez-vous au bord d'une falaise, observant l'horizon. D'un côté, il y a le vaste océan des opportunités, des marchés à conquérir, des innovations à déployer. De l'autre, il y a un précipice, un abîme d'incertitudes et de risques. L'éthique, c'est cette corde solide qui vous empêche de tomber, qui vous guide à travers les tempêtes et les eaux troubles. Car, voyez-vous, une entreprise sans éthique est comme un bateau sans ancre : elle peut avancer rapidement, mais elle est aussi susceptible de s'échouer sur les récifs cachés de la méfiance et de la mauvaise réputation. En revanche, une entreprise qui embrasse pleinement l'éthique est comme un phare dans la nuit, attirant clients, partenaires et investisseurs vers elle.

L'éthique n'est pas seulement une belle idée ou un idéal lointain. C'est le carburant qui alimente la machine des affaires, la boussole qui oriente chaque décision. Ce n'est ni un luxe ni un poids, mais un investissement, une promesse d'un avenir plus lumineux et plus stable. Alors, à tous les Armands du monde, je dis : réfléchissez bien. Et à toutes les Isabelles, je dis : continuez à briller, car le monde des affaires a plus que jamais besoin de votre lumière. Le matin, à la lueur de l'aube, le chemin semble souvent flou, mystérieux. Mais parfois, des ombres courageuses marchent avant tout le monde, éclairant la voie pour les suivants. Dans le monde des affaires, ces ombres sont des entreprises pionnières, celles qui bravent les normes pour embrasser pleinement l'éthique.

Laissez-moi vous conter l'histoire de Céleste, une entreprise qui, au premier abord, semblait être une simple boutique de chaussures. Mais chaque paire vendue cachait une histoire bien plus profonde. Pour chaque achat, une partie des profits était reversée pour éduquer un enfant dans une région défavorisée. Et ce n'était pas tout. Les matériaux étaient durables, les employés travaillaient dans des conditions équitables, et la transparence était le mot d'ordre. Certains ont ri de cette approche, la qualifiant d'utopique. Mais Céleste a persévéré, guidée par une boussole morale inébranlable. Et puis, comme par magie, le vent a tourné. Les clients, touchés par la mission de l'entreprise, ont commencé à affluer, transformant cette petite boutique en un phénomène mondial.

Il y a aussi Élios, une entreprise de technologie qui, au lieu de se concentrer uniquement sur les profits, a décidé de mettre l'humain au cœur de ses préoccupations. Elle a investi dans des projets sociaux, encouragé ses employés à consacrer du temps au bénévolat et établi des partenariats avec des organisations caritatives. Et si, au début, cette approche semblait coûteuse, elle s'est avérée payante à long terme. Élios est devenue un lieu de travail convoité, attirant des talents du monde entier, séduits par sa vision et ses valeurs.

Alors, quel est le secret de ces entreprises qui, malgré les sceptiques et les obstacles, ont réussi à marier succès commercial et éthique ? C'est leur capacité à voir au-delà des chiffres, à reconnaître que le véritable capital d'une entreprise n'est pas seulement financier, mais aussi humain, social et environnemental. Mais marcher sur ce chemin vertueux n'est pas sans défis. Car, à chaque étape, ces entreprises doivent faire face à des dilemmes moraux, à des décisions complexes où les intérêts économiques et éthiques peuvent parfois sembler en conflit. Pourtant, ce sont ces mêmes défis qui façonnent leur caractère, qui les poussent à innover et à repenser constamment leur modèle d'affaires. La clé, pourrait-on dire, réside dans l'art de l'équilibre. Ces entreprises ont appris à naviguer habilement entre rentabilité et responsabilité. Elles ont compris qu'une éthique solide est non seulement bénéfique pour la société, mais aussi pour leur propre réussite à long terme.

Mais alors, pourquoi toutes les entreprises ne suivent-elles pas cet exemple ? Pourquoi certaines persistent-elles à privilégier les gains à court terme au détriment de l'éthique ? Peut-être parce que, comme le dit le vieil adage, "il est difficile de faire comprendre quelque chose à quelqu'un lorsque son salaire dépend de son incompréhension". Néanmoins, l'espoir demeure. Car, à chaque fois qu'une entreprise comme Céleste ou Élios réussit, elle devient un phare, inspirant d'autres à suivre ses traces. Elle démontre que le succès ne se mesure pas seulement en termes de chiffres, mais aussi en termes d'impact positif sur le monde.

Alors, n'hésitez pas à emprunter le chemin vertueux, car, comme l'ont montré ces entreprises pionnières, c'est la voie qui mène non seulement à la prospérité, mais aussi à un monde meilleur, plus juste et plus équilibré. Une entreprise éthique n'est pas une mode passagère, mais une révolution silencieuse qui est en train de redéfinir la façon dont nous faisons des affaires. Et si, plutôt que de considérer l'éthique comme une contrainte, nous la percevions comme une source infinie d'opportunités ?

Imaginez un instant un monde où les entreprises ne sont plus uniquement motivées par les profits, mais par le bien-être de toutes les parties prenantes : employés, clients, actionnaires, et même la planète. Un monde où chaque décision est prise en tenant compte de son impact à long terme, plutôt que de ses avantages à court terme. Rêveur, direz-vous ? Peut-être. Mais c'est aussi la vision d'un nombre croissant d'entrepreneurs et de leaders d'opinion. Car réinventer l'éthique des affaires, ce n'est pas simplement adopter un ensemble de règles ou de directives. C'est adopter une nouvelle philosophie, une nouvelle façon de voir le monde.

Laissez-moi vous emmener dans le voyage d'Alma, une entrepreneure audacieuse qui a décidé de repenser entièrement la notion d'éthique dans son entreprise. Elle a commencé par poser une question simple mais puissante : "Quelle est la véritable raison d'être de mon entreprise ?" La réponse, elle a vite compris, dépassait largement le simple gain financier. Elle voulait créer une entreprise qui aurait un impact positif, qui enrichirait la vie des gens et qui protégerait l'environnement. Avec cette vision en tête, Alma a entrepris de réinventer chaque aspect de son entreprise. Elle a collaboré avec ses employés pour créer une culture d'entreprise axée sur la bienveillance, l'innovation et la responsabilité. Elle a établi des partenariats avec des fournisseurs éthiques, investi dans des technologies vertes et lancé des initiatives pour redonner à la communauté. Mais le vrai génie d'Alma a été de comprendre que la clé de cette transformation résidait dans l'engagement de tous. Elle a donc impliqué ses clients, les invitant à donner leur avis, à partager leurs idées et à co-créer des solutions. Elle a créé un véritable écosystème, où chaque partie prenante avait un rôle à jouer et une voix à faire entendre. Et vous savez quoi ? L'entreprise d'Alma a non seulement prospéré, mais elle est devenue un modèle pour d'autres. Car elle a prouvé qu'il est possible de faire des affaires d'une manière éthique, tout en étant rentable.

Mais alors, pourquoi cette histoire est-elle si exceptionnelle ? Pourquoi tant d'entreprises hésitent-elles encore à emprunter cette voie ? Peut-être parce que, dans notre quête effrénée de croissance et de profits, nous avons oublié l'essentiel. Nous avons oublié que les entreprises, au fond, sont des entités humaines, avec une âme, une mission, une raison d'être. Il est temps de réveiller cette âme. De repenser notre façon de faire des affaires. De reconnaître que l'éthique n'est pas un fardeau, mais une opportunité. Une opportunité de se reconnecter à nos valeurs, de créer de la valeur pour tous, et de laisser un héritage durable.

Alors, à tous les entrepreneurs, les leaders, les visionnaires : je vous lance un défi. Un défi de réinventer l'éthique des affaires. De voir au-delà des chiffres et de retrouver le sens profond de votre entreprise. De comprendre que, dans un monde en constante évolution, l'éthique est le phare qui nous guide, le compas qui nous oriente. Il ne tient qu'à nous de choisir la voie que nous voulons emprunter. Une voie de court-termisme et de gains éphémères ? Ou une voie d'intégrité, de responsabilité et de prospérité durable ? La décision vous appartient. Et rappelez-vous : chaque grand voyage commence par un simple pas. Alors, quel pas allez-vous faire aujourd'hui pour réinventer l'éthique des affaires ?

# L'avenir : entre espoir et incertitude

Sur les rives tumultueuses du temps, l'humanité se tient à la croisée des chemins, scrutant l'horizon de l'avenir. Des vents d'espoir soufflent, mais aussi des tempêtes d'incertitudes. L'avenir, tel un océan vaste et mystérieux, nous appelle à naviguer, mais quel cap choisir face à ces défis titanesques qui se profilent ? Dès le premier rayon de lumière de notre histoire, l'humanité a toujours été confrontée à des défis. Mais à l'aube de cette nouvelle ère, de nouveaux géants se dressent sur notre chemin.

Voici l'histoire d'Éléa, une exploratrice venant du futur avec dans ses carnets des histoires et des défis majeurs que nous devrons affronter : Dans les rêveries d'Éléa, la Terre, cette vieille dame généreuse, semble fatiguée. Ses forêts, ses poumons, suffoquent, ses océans, ses veines, sont pollués. L'impact du changement climatique n'est plus une prédiction, mais une réalité tangible. Des villes submergées, des sécheresses implacables, une faune et une flore en péril… Comment l'humanité peut-elle répondre à ce cri silencieux de la Terre ? Les solutions existent, mais nécessitent une transformation radicale de nos modes de vie et de nos économies. Mais sommes-nous prêts à payer le prix pour un avenir durable ?

Éléa nous parle d'une époque où la technologie est omniprésente, pour le meilleur et pour le pire. L'intelligence artificielle, les biotechnologies, la réalité virtuelle... Ces merveilles ont le pouvoir d'améliorer la qualité de vie, de guérir des maladies, d'explorer de nouveaux mondes. Mais elles portent aussi en elles des dangers insidieux : déshumanisation, atteintes à la vie privée, dépendance... Dans cette danse avec les machines, comment garder le pas sans perdre notre essence ?

Dans ce futur, les inégalités se sont creusées, créant des gouffres entre les peuples. Certains vivent dans l'opulence, tandis que d'autres luttent pour leur survie. Les migrations forcées, les crises économiques, les tensions géopolitiques... autant de défis qui appellent à repenser nos sociétés, à construire des ponts plutôt que des murs. Mais comment imaginer un monde plus juste dans un contexte de ressources limitées ?

Éléa décrit un monde où les repères traditionnels s'effritent, où la quête de sens devient vitale. Comment, dans ce tumulte, retrouver notre boussole intérieure ? Comment tisser des liens authentiques dans un monde hyperconnecté mais parfois si isolé ? L'avenir appelle à une renaissance culturelle et spirituelle, à la redécouverte de notre humanité profonde.

Alors que faire face à ces défis ? L'avenir est-il écrit, ou peut-on encore en être les auteurs ? Éléa, avec ses récits du futur, nous rappelle une vérité fondamentale :

face à l'adversité, l'humanité a toujours su se réinventer, trouver des solutions, faire preuve de résilience. Mais cela nécessite courage, imagination, et surtout, une volonté inébranlable de construire un monde meilleur. Ainsi, chaque défi, aussi redoutable soit-il, est aussi une invitation à grandir, à évoluer, à transcender nos limites. La clé réside peut-être dans notre capacité à unir nos forces, à combiner nos talents, nos passions, nos rêves pour construire l'avenir que nous désirons. Un avenir où l'espoir l'emporte sur l'incertitude, où chaque défi devient une étape vers un monde plus épanouissant.

Éléa, notre exploratrice temporelle, ne s'arrête pas là. Elle nous emporte vers une époque où l'avenir n'est plus une ombre menaçante, mais une toile lumineuse tissée par l'ingéniosité humaine. Avec un mélange d'émerveillement et de réalisme, elle partage avec nous des récits d'innovations et de bouleversements qui dessinent les contours d'un futur possible. Il était une fois, dans un monde pas si lointain, une cité où les bâtiments poussaient comme des arbres, où l'architecture fusionnait avec la nature, donnant naissance à des écosystèmes urbains. Les toits étaient recouverts de jardins suspendus, et les murs, d'algues qui purifiaient l'air. Des drones pollinisateurs virevoltaient, assurant la reproduction des plantes. Cette vision utopique ? Elle est l'œuvre de bio-ingénieurs et d'urbanistes visionnaires qui ont repensé la ville comme un organisme vivant, en symbiose avec son environnement.

Éléa nous emmène ensuite dans un laboratoire où la science-fiction devient réalité. Imaginez des imprimantes 3D capables de créer des organes pour sauver des vies, des nanorobots réparant les cellules de l'intérieur, des neuro-interfaces permettant une communication directe entre le cerveau et les machines. La frontière entre l'homme et la machine s'estompe, offrant des possibilités infinies mais aussi soulevant d'ardentes questions éthiques. Jusqu'où sommes-nous prêts à aller pour repousser les limites de notre biologie ?

Dans les ruelles d'une autre cité, le commerce n'est plus seulement une transaction monétaire. Ici, l'économie circulaire règne en maître. Tout ce qui est produit est soit biodégradable, soit réutilisable. Les déchets d'une entreprise deviennent les matières premières d'une autre. L'obsolescence programmée ? Un concept ancien et révolu. Les entreprises ne sont plus jugées sur la quantité de biens qu'elles produisent, mais sur la valeur réelle qu'elles apportent à la société.

Mais l'innovation ne s'arrête pas aux avancées technologiques ou aux modèles économiques. Éléa nous raconte des histoires de révolutions silencieuses, où l'éducation n'est plus confinée aux murs des écoles, mais se vit dans des espaces collaboratifs, à travers des expériences réelles. Les enfants apprennent en faisant, en créant, en explorant le monde qui les entoure. L'éducation devient une aventure, un voyage perpétuel d'apprentissage.

Puis, dans un murmure, elle évoque le plus grand changement de tous : la transformation intérieure. Dans ce monde futur, la quête de sens, de connexion, d'authenticité devient centrale. Les gens se retrouvent autour de feux de camp, non pas pour se raconter des histoires du passé, mais pour rêver ensemble, pour imaginer l'avenir qu'ils souhaitent construire. Les relations humaines sont célébrées, la compassion et l'empathie deviennent des valeurs cardinales.

Chacun de ces récits, chaque innovation ou changement structurel décrit par Éléa, nous rappelle une chose essentielle : l'avenir n'est pas gravé dans le marbre. Il est façonné par nos choix, nos actions, nos rêves. Et si ces visions peuvent sembler lointaines ou irréalistes, n'oublions pas que toute grande réalisation a d'abord été un rêve, une étincelle dans l'esprit de quelqu'un. Alors, en contemplant cet horizon d'opportunités, une question se pose : quel rôle jouerons-nous dans cette épopée de l'avenir ? Serons-nous de simples spectateurs, ou prendrons-nous la plume pour écrire ce nouveau chapitre de l'histoire humaine ? Le choix, comme toujours, nous appartient. Et comme l'enseigne un proverbe ancien, "Le meilleur moment pour planter un arbre était il y a 20 ans. Le deuxième meilleur moment est maintenant." Alors, commençons.

À la lisière de l'avenir, un rassemblement éclectique de penseurs, de rêveurs et de visionnaires se tient à l'orée. Comme des sentinelles éclairant le chemin, ils partagent leurs réflexions, leurs craintes, leurs espoirs.

Plongeons ensemble dans cet univers de discours, où chaque pensée est une lueur dans la nuit, un phare guidant nos pas.

Venez écouter Léandre, l'astrophysicien, aux yeux étoilés, dont la passion est d'explorer les confins de l'univers. Pour lui, l'avenir de l'humanité se situe parmi les étoiles. "Pensez-y," dit-il, sa voix vibrant d'excitation, "les solutions à nos problèmes pourraient bien se trouver dans les étoiles. La colonisation spatiale, la découverte de nouvelles sources d'énergie, l'exploration de mondes inconnus… Le cosmos nous offre une infinité de possibilités !" Mais il ajoute avec sagesse : "L'espace, vaste et mystérieux, nous rappelle aussi notre responsabilité : prendre soin de notre petite planète bleue, ce havre de vie dans le vaste océan cosmique."

Puis vient Mireille, sociologue et philosophe, dont le regard est tourné vers l'intérieur, vers la complexité de l'âme humaine. Pour elle, l'avenir dépend de notre capacité à créer des ponts, à connecter les cultures, les idées, les rêves. "Dans un monde globalisé," murmure-t-elle, "notre plus grande force réside dans notre diversité. Mais il faut apprendre à écouter, à comprendre, à embrasser nos différences." Son message est clair : un avenir harmonieux nécessite un dialogue ouvert, une empathie profonde, une volonté de voir le monde à travers les yeux de l'autre.

Il y a aussi Amara, technologue visionnaire, pour qui l'avenir est synonyme d'innovation. Ses yeux brillent lorsqu'elle parle d'intelligence artificielle, de biotechnologie, de réalités augmentées. "Nous sommes à l'aube d'une révolution technologique," proclame-t-elle. "Imaginez un monde où chaque individu a accès à l'éducation, à la santé, à des opportunités grâce à la technologie. Un monde où l'IA ne remplace pas l'homme, mais le complète, l'enrichit." Mais son enthousiasme est tempéré par une note de prudence : "Avec de grands pouvoirs viennent de grandes responsabilités. Nous devons veiller à ce que ces avancées profitent à tous, sans exception."

Enfin, il y a Yousef, écologiste et gardien de la Terre. Il nous parle avec gravité de l'urgence écologique, du défi du changement climatique, de la perte de biodiversité. "L'avenir," dit-il doucement, "n'est pas seulement une question d'innovation ou de progrès. C'est une question de survie." Pour lui, la clé réside dans un retour à la nature, une redécouverte de notre lien sacré avec la Terre. "Nous devons apprendre de nos erreurs, adopter une approche holistique, équilibrer technologie et écologie."

À travers ces voix, un tableau se dessine : un avenir fait d'espoir, mais aussi d'incertitudes. Chaque visionnaire apporte une pièce du puzzle, un éclairage, une perspective. Et la beauté de cet ensemble est que, malgré leurs divergences, un fil conducteur les unit : la foi en la capacité de l'humanité à forger son destin, à surmonter les défis, à rêver grand. Alors, que disent-ils, ces gardiens de l'avenir ? Ils nous rappellent que, face à l'inconnu, nous avons le choix : craindre ou espérer, stagner ou avancer, rêver seul ou rêver ensemble. Chaque voix, chaque idée, chaque rêve compte. L'avenir, finalement, est un livre ouvert, et c'est à nous d'écrire son histoire. Mais pour cela, il faut oser. Oser rêver, oser agir, oser croire.

## *Repenser l'entreprise pour le 21ème siècle*

Au cœur d'une vieille ville, un labyrinthe de ruelles dévoile une porte ancienne, abritant un univers futuriste. Cette porte est l'entreprise de demain, un pont entre l'héritage historique et l'audace de demain.

Imaginez une entreprise qui, tel un alchimiste, ne se contente pas de convertir les ressources en or, mais cherche à transformer l'or en bien-être pour la société. Là où autrefois, l'argent était le maître, l'entreprise de demain sert des idéaux plus grands : durabilité, responsabilité sociale, éthique. Une monnaie qui n'a pas de prix. L'arbre de cette nouvelle entreprise étend ses branches vers l'avenir tout en puisant sa force de ses racines solides. Elle se nourrit des leçons du passé, tout en s'armant des innovations pour demain. Plus qu'une structure, elle est un écosystème, où chaque élément a une importance, une valeur. Chaque employé, partenaire et même concurrent apporte quelque chose à l'ensemble.

Le PDG n'est plus seulement un chef d'entreprise ; il devient un visionnaire, un catalyseur de changement. Le service client se métamorphose pour devenir un service à la communauté. Les bénéfices, bien qu'importants, sont secondaires par rapport à l'impact positif sur la société. Et si l'avenir était fait de "bilans de bonheur" plutôt que de simples bilans financiers ?

La technologie, cette compagne fidèle, joue un rôle central. Elle n'est plus un simple outil, mais un partenaire qui facilite la transition vers cette nouvelle vision de l'entreprise. Elle aide à mieux comprendre les consommateurs, à anticiper les défis et à adopter une approche plus éthique et durable. Mais cette danse est délicate. Il s'agit de choisir avec discernement les innovations qui sont en accord avec la mission et les valeurs de l'entreprise. L'une des plus grandes forces de l'entreprise du futur est son aptitude à écouter. À écouter la Terre, les employés, les clients. À apprendre de chaque feedback, chaque critique. C'est en écoutant qu'elle innove, qu'elle s'adapte et qu'elle grandit.

Alors, qu'est-ce qui nous attend au tournant du 21ème siècle ? Une ère où les entreprises sont le reflet de nos espoirs les plus profonds. Où le profit et le bien-être vont de pair. Où le passé et le futur se rencontrent pour créer quelque chose de magique. Ce siècle nous tend les bras, une toile vierge prête à être peinte. Et si nous, visionnaires d'aujourd'hui, prenions notre pinceau et commencions à dessiner l'avenir ? Ce serait une œuvre d'art, non seulement pour nous, mais pour les générations futures. Et vous, quelles couleurs choisirez-vous ?

# Réflexions
# pour un futur durable

L'histoire, telle une vieille conteuse, s'assoit à côté de nous au coin du feu, nous enveloppant dans les échos de mille et une nuits passées. Elle murmure les secrets de civilisations éteintes, les triomphes des héros oubliés, les erreurs de ceux qui pensaient être invincibles. Mais pourquoi l'écouter, alors que nous sommes si pressés de tourner la page vers un avenir brillant et inexploré ? Imaginez un marin qui, pris dans la passion de la découverte, omet de regarder la carte que ses ancêtres lui ont léguée. Il navigue hardiment, mais sans boussole ni repère, risquant de se perdre dans des eaux inconnues. Ainsi, avant de plonger tête baissée dans l'avenir, il est essentiel de revisiter les récits du passé, non pas par nostalgie, mais pour trouver notre boussole.

L'histoire nous rappelle que toutes les grandes civilisations ont un point commun : elles ont toutes connu l'ascension et la chute. Les pharaons d'Égypte, les empereurs de Rome, les maharajas de l'Inde, tous ont vu leurs empires fleurir, puis s'évanouir comme des mirages. L'orgueil, la complaisance, l'ignorance des ressources naturelles, ou la déconnexion avec la population, autant de pièges qui ont causé leur perte. Pourrions-nous, avec notre technologie et notre savoir, être à l'abri de ces erreurs ? Chaque civilisation a laissé derrière elle des enseignements, des énigmes à déchiffrer.

Les Mayas, par exemple, ont construit d'incroyables cités au cœur de la jungle, mais ont disparu dans le mystère. Avaient-ils épuisé leurs ressources ? Ignoré les signaux de la nature ? N'est-ce pas un écho des défis auxquels notre monde est confronté aujourd'hui ?

Par ailleurs, l'histoire nous montre que le changement est inévitable. Les empires qui s'adaptent survivent, tandis que ceux qui résistent sont emportés par le vent du temps. Les dynasties chinoises l'ont compris, alternant entre des périodes d'ouverture et de fermeture, mais toujours en évolution. Alors que nous sommes à l'aube d'une nouvelle ère, saurons-nous être assez fluides pour embrasser le changement ? Enfin, le passé nous apprend l'importance de l'humanité. Les grands leaders, qu'il s'agisse de Gandhi, Martin Luther King ou Nelson Mandela, n'ont pas seulement changé le monde avec des idées ou des stratégies. Ils ont touché les cœurs, en rappelant à chacun sa valeur, son potentiel, son rôle dans le grand récit de l'humanité. Dans notre quête de progrès, n'oublions jamais la magie qui réside en chaque individu.

Mais comment peut-on appliquer ces enseignements à notre monde moderne, si différent, si complexe ? La clé réside dans le mélange des sages leçons du passé avec l'innovation et la créativité du présent. C'est en étant ancré dans nos racines tout en étirant nos branches vers les étoiles que nous pourrons créer un futur à la fois brillant et durable. L'histoire n'est pas un simple miroir du passé. C'est une fenêtre sur l'avenir, une boussole pour les voyageurs du temps que nous sommes. Alors, avant de prendre la mer de l'inconnu, jetons un dernier regard sur la carte que nos ancêtres nous ont laissée, et promettons-nous de ne pas répéter leurs erreurs, mais de s'inspirer de leurs triomphes. Car après tout, ne sommes-nous pas les conteurs de demain, ajoutant notre chapitre à ce grand livre qu'est l'histoire ?

Dans les méandres tumultueux de l'histoire de l'humanité, une rivière d'or semble couler à travers chaque civilisation, chaque époque, chaque révolution industrielle. C'est la quête incessante du profit, ce filon d'or que l'on creuse, exploite, et épuise, parfois jusqu'à la dernière pépite. Mais comme tout orpailleur le sait, après l'effervescence de la découverte vient inévitablement l'épuisement de la mine. Imaginez un monde où chaque décision, chaque ambition est guidée par l'éclat hypnotique de l'or. Un monde où les forêts, les montagnes, les rivières ne sont vues qu'à travers le prisme de leur valeur monétaire. Ne ressemble-t-il pas étrangement au nôtre ?

Un soir, au cœur d'une forêt ancienne, un vieux chêne raconta à un jeune entrepreneur une histoire. "Il fut un temps", murmura l'arbre, "où je n'étais pas jugé à la valeur de mon bois, mais à l'ombre que je fournissais, à l'oxygène que je produisais, à l'habitat que je créais pour d'innombrables créatures." Le jeune homme, ému, se demanda : "Qu'est-ce qui nous a fait dévier de ce chemin ? Pourquoi avons-nous oublié cette sagesse ?"

L'aveuglement du profit immédiat a souvent obscurci la vision plus large, celle qui englobe l'harmonie, l'équilibre, la durabilité. La forêt n'est pas simplement une ressource à exploiter, elle est le poumon de la Terre, le refuge de la biodiversité, le symbole de la vie qui s'étend au-delà de la simple monnaie. Il est dit que le véritable sage n'est pas celui qui accumule des trésors, mais celui qui sait quand s'arrêter, quand dire "c'est assez". La sagesse, dans le contexte des affaires, ne consiste pas à maximiser les profits à tout prix, mais à reconnaître la valeur de ce qui est immatériel, intangible, inestimable. Prenons l'exemple d'une entreprise qui, plutôt que de chercher à exploiter chaque ressource jusqu'à la dernière goutte, choisit de réinvestir une partie de ses profits dans la communauté, l'éducation, l'environnement. N'est-ce pas une vision plus enrichissante, plus durable ?

Les légendes parlent d'anciens royaumes où les rois étaient jugés non pas à la taille de leurs trésors, mais au bien-être de leurs sujets, à la prospérité de leurs terres, à la sagesse de leurs décisions. Dans ces récits, le véritable "profit" n'était pas l'or ou les pierres précieuses, mais le bonheur, la paix, l'harmonie. Mais comment traduire cette sagesse ancestrale dans le langage moderne des affaires ? Il ne s'agit pas de rejeter le profit, mais de le redéfinir. De voir au-delà des chiffres et des bilans, pour reconnaître la valeur des relations humaines, de la nature, de la culture, de l'âme. De comprendre que le véritable "retour sur investissement" ne se mesure pas seulement en termes financiers, mais en termes d'impact sur le monde, sur l'avenir, sur le cœur.

Dans ce voyage vers une vision plus sage du profit, chaque entreprise, chaque entrepreneur, chaque individu a un rôle à jouer. En posant des questions, en remettant en question le statu quo, en cherchant des solutions innovantes qui allient prospérité économique et bien-être sociétal. En reconnaissant que le véritable or ne se trouve pas dans les coffres-forts, mais dans les sourires des enfants, dans l'air pur des montagnes, dans la sérénité d'une forêt ancienne. Car le véritable profit ne se mesure pas à la taille de notre fortune, mais à la profondeur de notre sagesse, à la largesse de notre cœur, à la clarté de notre vision. Et si l'avenir appartient à ceux qui sauront voir au-delà de l'or, alors il est temps de redécouvrir la sagesse.

### Les clés pour un avenir meilleur

Un soir, alors que les derniers rayons du soleil se perdaient à l'horizon, un sage et un enfant se tenaient à l'orée d'un champ de blé. "Tout change", murmura le sage, "le blé grandit, le soleil se couche, les saisons passent. Le changement est la seule constante." L'enfant, ses yeux brillants d'émerveillement, répondit : "Alors, pourquoi avons-nous peur du changement ?" Ah, le changement ! Il est à la fois la promesse de nouvelles aurores et la crainte de perdre ce que l'on a. Mais pour avancer, pour croître, pour évoluer, embrasser le changement est indispensable.

Imaginez un orchestre où chaque musicien jouerait la même note, encore et encore, sans fin. Ce serait un bourdonnement monotone, sans mélodie, sans harmonie. C'est le changement dans la musique, le flux et le reflux, la montée et la descente des notes, qui crée la symphonie. De même, c'est le changement dans la vie qui apporte de la variété, de la croissance, de la beauté.

Alors, quelles sont ces clés mystiques qui peuvent nous aider à embrasser le changement pour un avenir meilleur ?

*Plonger dans l'inconnu avec courage* : Se tenir sur la rive de l'inconnu peut être terrifiant. Mais c'est là, dans ces eaux profondes et inexplorées, que résident les plus grandes opportunités. C'est en plongeant avec audace que l'on découvre des trésors cachés, des mondes nouveaux, des perspectives inédites.

*Écouter avec un cœur ouvert* : Dans le brouhaha du monde moderne, l'art de l'écoute est souvent perdu. Écouter ne signifie pas seulement entendre les mots, mais ressentir les émotions, comprendre les non-dits, capter les subtilités. Lorsque nous écoutons vraiment, nous découvrons des connexions, des similitudes, des ponts vers de nouveaux horizons.

*Être flexible comme le roseau* : Il est dit que lors d'une tempête, le chêne rigide peut se briser, tandis que le roseau flexible se plie et survit. Dans le tourbillon du changement, la rigidité peut être notre perte. Être flexible, s'adapter, évoluer, voilà ce qui nous permet de naviguer à travers les défis, de saisir les opportunités, de croître et de prospérer.

*Chercher la beauté dans le chaos* : Le changement peut souvent sembler chaotique, désordonné, écrasant. Mais c'est souvent dans le chaos que naît la créativité. C'est en cherchant la beauté, le potentiel, l'opportunité dans le désordre que nous trouvons des solutions innovantes, des idées brillantes, des chemins inattendus.

*Se souvenir que chaque fin est un nouveau début* : Chaque coucher de soleil est suivi d'une aurore. Chaque fin d'histoire ouvre la voie à une nouvelle aventure. Dans le cycle perpétuel du changement, chaque fin est en réalité un nouveau commencement. Embrasser cette vérité nous donne l'espoir, la force et le courage de continuer, quelles que soient les circonstances.

Le changement, bien sûr, n'est pas toujours facile. Il peut être douloureux, déroutant, effrayant. Mais c'est aussi une invitation à grandir, à apprendre, à évoluer. C'est une chance de redéfinir qui nous sommes, de redessiner notre trajectoire, de revoir nos priorités. Alors, alors que nous nous tenons à la croisée des chemins, face à l'inconnu, rappelons-nous les paroles du sage et de l'enfant. Embrassons le changement, non pas comme une menace, mais comme une promesse. Car c'est en changeant que nous créons, que nous innovons, que nous rêvons. Et peut-être, juste peut-être, c'est en embrassant le changement que nous trouvons la clé d'un avenir meilleur, plus lumineux, plus beau. Pour nous, pour les générations futures, pour notre précieuse planète.

### *Que pouvez-vous faire ?*

Dans une salle enfumée et éclairée par des lanternes, un groupe de voyageurs se racontait des histoires de leurs contrées lointaines. L'un d'eux, un vieux marin aux yeux profonds et rêveurs, se leva et parla d'un ancien phare perdu sur une île isolée. Il raconta comment, malgré les tempêtes et l'obscurité, cette petite lumière persistante guidait les navires à bon port. Il termina son récit par ces mots : "Chacun de nous est ce phare. Dans l'obscurité du monde, nous avons le pouvoir de briller et de guider les autres vers un avenir meilleur."

Telle est la réalité, chaque individu possède en lui la capacité de faire une différence. Alors que le monde fait face à des défis sans précédent, l'appel à l'action n'a jamais été aussi pressant. Mais que pouvez-vous faire, vous, simple mortel dans ce vaste univers ?

Faites preuve de curiosité, demandez-vous ce qui se cache derrière les rideaux, derrière les façades bien ordonnées. Apprenez, questionnez, soyez avide de connaissances. Car c'est en cherchant que l'on découvre, et en découvrant que l'on peut commencer à comprendre et à agir.

Devenez un consommateur conscient, lorsque vous faites vos courses, ne voyez pas seulement un produit, mais toute l'histoire qui se cache derrière. D'où vient-il ?

Comment a-t-il été fabriqué ? Quel est son impact sur la planète, sur les communautés ? Acheter est un vote silencieux, et vous avez le pouvoir de soutenir des entreprises éthiques et durables.

Dans une époque de digitalisation, la vraie richesse se trouve dans les connexions humaines. Engagez-vous dans votre communauté, soutenez des projets locaux, créez des synergies. Ensemble, les petites actions peuvent déclencher de grands changements. Tissez des liens communautaires.

Peut-être êtes-vous doué pour la musique, l'écriture, l'art ou la technologie. Utilisez ces dons pour sensibiliser, éduquer et inspirer les autres. Une chanson, un article, une peinture peuvent toucher des âmes, susciter des réflexions et catalyser des actions. Partagez vos talents.

Dans un monde qui semble parfois écrasé par le poids du réalisme, autorisez-vous à imaginer un avenir différent. Un monde où la solidarité l'emporte sur la division, où la nature et l'homme coexistent harmonieusement. Puis, demandez-vous : "Que puis-je faire, même petit, pour contribuer à cet avenir ?" Osez rêver, et rêvez grand !

Les enfants sont les bâtisseurs de demain. Partagez avec eux les leçons apprises, les erreurs commises, les espoirs nourris. Incitez-les à être curieux, à poser des questions, à rêver d'un monde meilleur et à travailler pour le réaliser. Éduquez la jeune génération.

Il est facile de se sentir impuissant face à l'ampleur des défis. Mais rappelez-vous la parabole du colibri, cet oiseau qui, lors d'un immense incendie de forêt, faisait des allers-retours à la rivière, prenant une goutte d'eau dans son bec pour éteindre le feu. Les autres animaux lui demandèrent pourquoi il faisait cela, sachant qu'il ne pourrait pas éteindre le feu tout seul. Le colibri répondit : "Je fais ma part." C'est l'appel à l'action. Ne vous demandez pas si votre contribution sera suffisante pour changer le monde. Faites simplement votre part, aussi minime soit-elle. Car c'est en rassemblant toutes ces petites gouttes d'eau que l'océan de changement prend forme.

N'attendez pas que le monde change autour de vous. Soyez le changement. Soyez ce phare brillant dans la nuit, guidant les autres vers un futur prometteur, durable et lumineux.

# Conclusion

Ah, la conclusion ! Ce moment où l'on s'arrête, respire profondément, et regarde en arrière, retraçant le chemin parcouru. Et quel voyage avons-nous entrepris ensemble ! Des montagnes d'opportunités aux vallées d'incertitudes, des forêts d'innovations aux rivières de changements. Pourtant, ce n'est pas tant le voyage lui-même que la destination qui compte. Et cette destination, c'est celle de l'avenir.

Imaginez-vous dans une immense bibliothèque. Les étagères débordent de livres, chaque couverture racontant une histoire différente, chaque page renfermant un savoir précieux. Ce livre que vous tenez entre vos mains, bien qu'il s'achève, n'est que le début d'une exploration sans fin. C'est une invitation. Une invitation à ouvrir un autre livre, à tourner une nouvelle page, à plonger dans un nouveau chapitre.

La réflexion est un art. Elle nous invite à nous poser, à nous interroger, à regarder le monde avec un œil neuf. Mais la réflexion seule ne suffit pas. Elle doit être suivie d'une action, car c'est en agissant que l'on façonne le monde. À chaque décision, chaque choix, chaque pas que nous faisons, nous écrivons l'histoire de demain.

Alors, que choisissez-vous ? Regarderez-vous simplement le monde évoluer ou déciderez-vous d'en être l'architecte ? L'invitation est lancée, et elle n'attend que vous.

Imaginez une entreprise comme une immense fresque sur un mur. De loin, on voit des couleurs, des formes, une harmonie. Mais en s'approchant, on découvre une multitude de détails, chaque pinceau ayant tracé une ligne, chaque couleur ayant une signification. Cette fresque, c'est le reflet de la société. Les entreprises ne sont pas de simples entités économiques. Elles sont le miroir de nos aspirations, de nos rêves, mais aussi de nos peurs et de nos doutes. Elles évoluent au rythme de la société, se transformant, s'adaptant, innovant. Elles sont le reflet de ce que nous sommes, de ce que nous voulons devenir.

Mais parfois, le miroir peut être déformant. Il peut amplifier certains traits, en minimiser d'autres. Il peut montrer une image idéalisée ou, au contraire, accentuer les défauts. C'est là que réside le défi des entreprises. Comment rester fidèle à la réalité tout en aspirant à un idéal ? Comment être à la fois le reflet de la société et l'incarnation de ses rêves les plus fous ? La réponse se trouve peut-être dans l'équilibre. Dans cette danse délicate entre le réalisme et l'utopie, entre le pragmatisme et la vision. Les entreprises ont le pouvoir de modeler le monde, de le transformer. Mais elles ont aussi la responsabilité de le faire avec éthique, intégrité et respect.

Car au bout du compte, ce n'est pas tant l'entreprise qui se reflète dans la société, mais la société qui se reflète dans l'entreprise. Chaque produit vendu, chaque service rendu, chaque innovation lancée est le reflet de nos choix, de nos valeurs, de nos aspirations.

Alors, posez-vous cette question : Quel reflet voulez-vous voir dans le miroir de la société ? Quelle histoire voulez-vous écrire ? Quelle empreinte voulez-vous laisser ? L'avenir n'est pas gravé dans la pierre. Il est comme une toile vierge, attendant le pinceau de l'artiste. Et cet artiste, c'est vous. Prenez votre pinceau, choisissez vos couleurs et créez le chef-d'œuvre de demain. Car l'avenir, aussi incertain soit-il, est plein de promesses. Et il n'attend que vous pour se réaliser.

# Réflexions Essentielles

Le monde du travail, un équilibre fragile entre précarité et prospérité.

L'entreprise sociale : quand profit et bien-être commun dansent au même rythme.

La viabilité des entreprises n'est pas uniquement financière, elle est aussi sociale et environnementale.

L'éthique des affaires : une boussole indispensable dans le monde complexe de l'entreprise.

Le futur est incertain, mais chargé de potentialités ; la clé est d'embrasser le changement.

L'histoire nous rappelle que le progrès nécessite à la fois vision et action.

Regarder au-delà du profit, c'est voir une richesse plus profonde, celle de l'impact et de la valeur partagée.

L'innovation n'est pas qu'une question de technologie, mais aussi d'éthique, de culture et de vision.

Chaque entreprise est le miroir de la société dans laquelle elle opère.

Embrasser le changement, c'est se donner les moyens d'écrire l'histoire de demain.

La sagesse n'est pas de prévoir l'avenir, mais de le créer.

L'émerveillement et la curiosité sont les moteurs de l'innovation et du progrès.

L'entrepreneuriat social, un pont entre le monde des affaires et celui des idéaux.

Les leaders d'opinion tracent la voie, mais c'est à nous tous de marcher sur le chemin.

Le 22ème siècle exigera une redéfinition de ce qu'est une entreprise "réussie".

Le profit sans éthique est un succès éphémère ; le profit avec éthique est un héritage.

L'invitation à l'action est permanente ; chaque choix, chaque décision, façonne l'avenir.

La sagesse véritable réside dans la capacité à voir au-delà des apparences, à chercher la profondeur.

En repensant l'entreprise, nous repensons le monde.

L'avenir est une toile vierge, et nous sommes tous des artistes avec un pinceau en main.

Ne manquez pas l'occasion d'enrichir votre bibliothèque et d'approfondir vos connaissances avec la **collection** de **Polychromatic reflections Publishing** en vente sur Amazon :

## L'équilibre entre vie professionnelle et vie personnelle
*Luna Whisper*

Ce livre vous propose des stratégies pour créer un équilibre harmonieux entre vos responsabilités professionnelles et vos besoins personnels, pour une vie plus épanouissante et atteindre un bien-être durable. Il vous offre des conseils pratiques et des stratégies pour gérer votre temps, établir des priorités et développer des compétences. Idéal pour les professionnels et les personnes en quête d'une vie plus épanouissante.

## La psychologie de la réussite financière : Comprendre les schémas mentaux qui mènent à la prospérité financière et comment les adopter
*Owen Redford*

Ce Guide Ultime vous dévoile un chemin différent pour comprendre la richesse et le succès financier et vous guide à travers un parcours unique en explorant des concepts souvent négligés pour vous aider à atteindre vos objectifs financiers. Que vous soyez un entrepreneur, un professionnel ou simplement quelqu'un qui cherche à améliorer sa situation financière, ce livre vous offre des conseils précieux et des réflexions inspirantes pour vous aider à naviguer dans le monde complexe de la réussite financière. Vous y découvrirez les secrets cachés de la réussite financière que les experts ne vous diront pas.

## Finance Verte : Réussir Financièrement tout en Protégeant la Planète
*Owen Redford*

Le monde évolue rapidement, et l'investissement responsable est devenu un élément clé pour façonner un avenir plus durable et juste. Ce livre vous guide à travers ses multiples facettes en abordant les principes éthiques, les défis et les opportunités, ainsi que les tendances émergentes et les innovations dans le domaine. Il offre également des perspectives d'avenir et des aspirations pour un monde meilleur, en soulignant l'importance de la collaboration entre les différents acteurs et en invitant chacun à agir et à réfléchir sur son impact en tant qu'investisseur et citoyen du monde.

## L'odyssée du crypto-navigateur : Le guide ultime pour s'installer dans un pays favorable aux crypto-monnaies !
*Owen Redford*

Découvrez le guide essentiel pour les professionnels de la crypto-monnaie qui cherchent à s'installer dans un pays favorable aux crypto-monnaies. Ce livre offre des conseils précieux, des analyses détaillées et des témoignages inspirants pour vous aider à prendre des décisions éclairées sur votre carrière et votre vie à l'étranger. Que vous soyez entrepreneur, investisseur, ou simplement intéressé par les opportunités offertes par les pays crypto-friendly, ce livre est un incontournable pour vous.

## Le murmure de l'âme : L'ASMR et la quête de la sérénité
*Luna Whisper*

Découvrez les avantages de l'ASMR pour la santé mentale, la relaxation et la productivité au travail. Apprenez-en plus sur les différentes techniques et les artistes qui ont façonné cet univers relaxant. Ce livre offre des informations précieuses pour les professionnels et les amateurs de bien-être cherchant à améliorer leur quotidien.